国家自然科学基金资助项目

合作农业推广：邻近性与组织聚合

Hezuo Nongye Tuiguang: Linjinxing yu Zuzhi Juhe

■ 高启杰 等 著

中国农业大学出版社
CHINA AGRICULTURAL UNIVERSITY PRESS

图书在版编目(CIP)数据

合作农业推广:邻近性与组织聚合/高启杰等著. —北京:中国农业大学出版社,2016.6

ISBN 978-7-5655-1542-2

Ⅰ.①合… Ⅱ.①高… Ⅲ.①农业合作-形式-研究-中国 Ⅳ.①F321.4

中国版本图书馆 CIP 数据核字(2016)第 069357 号

书　　名　合作农业推广:邻近性与组织聚合

作　　者　高启杰 等　著

策划编辑　张秀环　　**责任编辑**　张秀环

封面设计　郑　川　　**责任校对**　王晓凤

出版发行　中国农业大学出版社

社　　址　北京市海淀区圆明园西路 2 号　　**邮政编码**　100193

电　　话　发行部 010-62818525,8625　　读者服务部 010-62732336

编辑部 010-62732617,2618　　出　版　部 010-62733440

网　　址　http://www.cau.edu.cn/caup　　**E-mail** cbsszs@cau.edu.cn

经　　销　新华书店

印　　刷　涿州市星河印刷有限公司

版　　次　2016 年 6 月第 1 版　2016 年 6 月第 1 次印刷

规　　格　787×1 092　16 开本　15.25 印张　154 千字

定　　价　48.00 元

内容简介

经过30多年的改革，我国农业推广组织体系现已形成多元化的雏形。目前影响最大的农业推广组织主要有5种类型，即行政型农业推广组织、教育型农业推广组织、科研型农业推广组织、企业型农业推广组织和自助型农业推广组织。然而，我国各类农业推广组织之间缺乏应有的沟通与互动，不能形成有效的组织聚合，严重影响了整个国家农业推广组织体系的运行效率。本研究试图探讨组织间的邻近性对农业推广合作产生的影响，以及产生影响的中介效应和调节效应。研究内容主要有：合作农业推广中组织间邻近性的维度构建；组织邻近性对合作农业推广的影响机制；合作农业推广的绩效结构；组织邻近性对合作绩效影响的实证研究；基于组织邻近性的合作农业推广策略。针对合作农业推广的特点，在以下4个方面作了开创性的研究：农业推广组织邻近性维度的界定与提炼、组织邻近性对合作农业推广的影响机制研究、中介变量——合作倾向性的发现与界定、调节变量——项目复杂性的发现与界定。以下4个方面在前人研究的基础上取得了突破性的成果：我国多元农业推广组织合作动机与模式分析、合作农业推广绩效结构的分解以及绩效评价指标体系的建立与选择、组织邻近性对合作农业推广绩效影响(包括中介效应和调节效应)的实证研究与多案例研究、基于组织邻近性的合作农业推广策略及建议。本研究将组织邻近性分为组织资源邻近、组织结构邻近、组织关系邻近和组织认知邻近,指出前两者属于属性逻辑维度,后两者属于认知逻辑维度。通过问卷和访谈等方式调研了121项合作农业推广项目。研究表明,组织邻近性的属性逻辑维度和认知逻辑维度均对合作倾向性以及合作绩效有直接显著的正向影响;合作倾向性不但对合作绩效有直接显著的正向影响,而且在组织邻近性与合作绩效之间存在中介效应;推广项目复杂性不但对合作绩效有直接显著的负向影响,而且在组织邻近性与合作绩效之间起正向调节作用。最后提出了合作农业推广策略与深化合作农业推广工作的建议。研究成果可为合作农业推广策略制定以及合作农业推广体系构建提供决策参考。

关键词:农业推广组织;邻近性;合作推广;组织聚合;合作绩效

Abstract

After more than 30 years of reform, China's agricultural extension system shows the embryonic form of diversification. Currently, there are five main types of agricultural extension organizations, including government-run, education-oriented, research-oriented, enterprise-run and self-service ones. However, there is no effective communication and interaction between diversified agricultural extension organizations in China, resulting in ineffective organization aggregation and low efficiency of the whole system of national agricultural extension. In this study, the effect of organizational proximity on agricultural extension cooperation and its mediating effect and moderating effect have been explored. The research contents mainly include: the dimension construction of organizational proximity in agricultural extension cooperation, the impact mechanism of organizational proximity on agricultural extension cooperation, the structure of the cooperative performance, an empirical study of the effect of organizational proximity on the cooperative performance and the cooperative strategy based on the organizational proximity. According to the characteristics of cooperative agricultural extension, the pioneering research in four aspects have been made: the definition and refining of dimensions of agricultural extension organization proximity, the impact mechanism of organizational proximity on cooperation in agricultural extension, the definition of variables as mediator (collaboration propensity) and moderator (project complexity). Based on previous researches, four aspects of breakthroughs have been obtained, including the analysis of motivation and models of cooperation among diverse agricultural extension organizations, the decomposition of the structure of agricultural extension performance and design of performance evaluation index system, the empirical studies of the effect of organizational proximity on cooperative performance and the strategy and detailed suggestions of agricultural extension cooperation based on the organizational proximity. In this research, organizational proximity is divided into two dimensions, namely attribute logic dimension (including proximity of resources and structure) and cognitive logic dimension (including proximity of relationship and cognition). Based on the questionnaires and interviews of 121 cooperative extension projects, the research finds that both dimensions (attribute logic and cognitive logic) of organizational proximity have significant positive effects on the collaboration propensity and cooperative performances. The collaboration propensity completely mediates the relationship between the attribute logic of organizational proximity and cooperative performance. Meanwhile, the collaboration propensity partially mediates the relationship between the cognitive logic of organizational proximity and cooperative performance. Besides, the project complexity not only has direct significant negative influences on the cooperative performance, but also exerts positive moderating effects between the organizational proximity and cooperative performance. Finally, cooperative strategies and detailed suggestions are put forward for related decision-makers to promote agricultural extension cooperation. The research results can provide a reference for making the strategy of cooperative agricultural extension and constructing agricultural extension system.

Key Words: Agricultural Extension Organization; Proximity; Cooperative Extension; Aggregation of Organization; Cooperative Performance

前　　言

本书为国家自然科学基金项目“合作农业推广中组织间的邻近性与组织聚合研究”(项目批准号 71173219)的研究总结。本项目于 2011 年正式立项,历时 4 年,2015 年底按计划完成各项研究任务。项目负责人为中国农业大学人文与发展学院推广与创新研究中心主任、博士生导师高启杰教授,课题组主要成员有姚云浩、董杲、李争鸣和马力。本项研究调研的主要对象涉及 121 项不同类型的合作农业推广项目,实地调查研究的地点分布在全国 16 个省、市、区。调查点所在地的许多人员以及 121 项合作农业推广项目的有关当事人为实地调研提供了大量的帮助。此外,参与及协助实地调研的人员还有起建凌、曾艳、孟鹤、黄殿成、谷伟琦、费佐兰、杨艳、黄修杰、崔福柱、刘爱玉、刘正、余海兵、徐正华、谢军红、衣莹、赵洪亮等。在此,对所有为本项研究提供过帮助的机构和人员表示衷心的感谢。

本书由项目负责人高启杰设计体系与写作思路,主要作者为高启杰、姚云浩、董杲和李争鸣。书中吸收和引用了许多学者的研究成果,除了在书中尽可能地做出说明外,也在此对有关作者表示感谢。

合作农业推广是我国现阶段一个亟待解决和完善的问题。可是，目前学术界关于合作农业推广研究的成果极少，此类研究问题复杂，理论难点多，学科基础薄弱，资料收集和处理难度较大。考虑到本书是国内基于组织邻近性的合作农业推广研究领域的探索之作，作者系统地解释了相关学科的理论和概念，同时尽量突出针对性、创新性和实用性。在对重要理论进行研究的基础上，更多地注重实证分析，力图提高理论与实践相结合的程度，从而为我国合作农业推广事业的发展提供有益的参考。限于时间和水平，书中难免有疏漏与不妥之处，敬请读者赐教。

作　者

2016 年 1 月

目　　录

第一章　绪论 …… 1

1.1　研究背景及意义 …… 1

1.2　研究内容与关键问题 …… 4

1.3　研究方法 …… 8

1.4　技术路线 …… 9

1.5　本研究的特色与创新之处 …… 12

第二章　理论基础与文献综述 …… 15

2.1　邻近性相关研究 …… 15

2.1.1　邻近性的界定与维度划分 …… 15

2.1.2　邻近性与组织合作创新研究 …… 20

2.2　合作绩效管理理论 …… 28

2.2.1　合作绩效及其衡量 …… 28

2.2.2　合作绩效的影响因素 …… 30

2.2.3　合作绩效具体评价方法 …… 33

2.3　组织间合作理论与组织聚合 …… 36

第三章　我国多元农业推广的发展实践 …… 50

3.1　我国多元农业推广组织的特征及合作动机分析 …… 50

3.1.1 我国多元农业推广组织的特征分析 …………………… 50
3.1.2 我国多元农业推广组织合作动机分析 ………………… 58
3.2 我国多元合作农业推广的主要模式分析 ………………… 61
第四章 合作农业推广中组织间邻近性的维度分析 ………… 69
4.1 组织间多维邻近性与农业推广组织合作的关系分析 ……………………………………………… 69
4.1.1 组织间多维邻近性与多元农业推广组织横向合作的关系 ………………………………… 71
4.1.2 组织间多维邻近性与多元农业推广组织纵向合作的关系 ………………………………… 76
4.2 合作农业推广中组织邻近性维度的界定与分析 ……… 80
4.2.1 组织资源邻近 …………………………………… 82
4.2.2 组织结构邻近 …………………………………… 83
4.2.3 组织关系邻近 …………………………………… 85
4.2.4 组织认知邻近 …………………………………… 85
第五章 合作农业推广绩效评价研究 ……………………… 89
5.1 合作农业推广绩效 …………………………………… 89
5.2 影响合作农业推广绩效的因素 ………………………… 91
5.3 合作农业推广绩效评价指标体系建立及选择 ………… 94
5.3.1 合作农业推广绩效评价指标体系的建立 ……… 94
5.3.2 指标体系运用说明 ……………………………… 98
第六章 组织邻近性对合作农业推广的影响机制研究 ……… 102
6.1 组织邻近性对农业推广组织间合作绩效的影响 …… 102

6.1.1 组织间多维邻近性对创新绩效及跨组织合作绩效影响的相关研究 …… 102
6.1.2 组织邻近性对农业推广组织间合作绩效的影响机理分析 …… 105
6.2 合作倾向性的中介效应分析 …… 107
6.2.1 合作倾向性的维度界定 …… 107
6.2.2 组织邻近性与合作倾向性的关系分析 …… 109
6.2.3 合作倾向性与合作绩效的关系分析 …… 110
6.3 推广项目复杂性的调节效应分析 …… 111
6.3.1 推广项目复杂性的维度界定 …… 112
6.3.2 推广项目复杂性的调节效应分析 …… 119
第七章 问卷设计及变量测量 …… 126
7.1 问卷设计 …… 126
7.2 变量测量 …… 127
7.2.1 组织邻近性变量的测量 …… 127
7.2.2 合作倾向性变量的测量 …… 128
7.2.3 项目复杂性变量的测量 …… 129
7.2.4 合作绩效变量的测量 …… 130
7.2.5 控制变量的设置 …… 131
第八章 样本描述及假设检验 …… 134
8.1 数据收集 …… 134
8.2 样本特征 …… 135
8.2.1 调查样本的区域分布 …… 135

8.2.2 调查样本的产业分布 …………………………… 136
8.2.3 调查样本中合作主体的地理邻近程度分布 …… 137
8.2.4 调查样本的组织类型分布 …………………… 137
8.2.5 调查样本的合作模式分布 …………………… 138
8.2.6 调查样本的合作技术类型分布 ………………… 139
8.2.7 调查样本中合作主体建立合作关系时长分布 … 140
8.3 样本描述性统计 …………………………………… 140
8.3.1 组织邻近性分量表的描述性统计 ……………… 140
8.3.2 合作倾向性分量表的描述性统计 ……………… 141
8.3.3 项目复杂性分量表的描述性统计 ……………… 142
8.3.4 合作绩效分量表的描述性统计 ………………… 142
8.4 信度与效度检验 …………………………………… 143
8.4.1 信度检验 ……………………………………… 144
8.4.2 效度检验 ……………………………………… 147
8.5 相关性分析 ………………………………………… 159
8.6 中介效应检验及中介模型的构建 ………………… 161
8.6.1 中介效应分析的原理 …………………………… 161
8.6.2 中介效应检验 …………………………………… 162
8.6.3 中介模型的构建 ………………………………… 166
8.7 调节效应检验 ……………………………………… 171
8.7.1 调节效应分析的原理 …………………………… 171
8.7.2 调节效应检验 …………………………………… 171

第九章　组织邻近性对合作农业推广绩效影响的多案例研究 …… 176
9.1　研究设计 …… 176
9.1.1　案例选择 …… 176
9.1.2　数据收集 …… 178
9.1.3　分析方法 …… 179
9.1.4　信度和效度检测 …… 179
9.2　变量解构与案例内分析 …… 180
9.2.1　组织邻近性 …… 180
9.2.2　合作倾向性 …… 183
9.2.3　推广项目复杂性 …… 184
9.2.4　合作绩效 …… 185
9.3　案例间分析与讨论 …… 186
9.3.1　组织邻近性对合作绩效的直接影响 …… 187
9.3.2　合作倾向性的中介效应分析 …… 188
9.3.3　项目复杂性的调节效应分析 …… 189
第十章　基于组织邻近性的合作农业推广策略及建议 …… 191
10.1　合作农业推广策略 …… 191
10.1.1　注重组织邻近性在合作推广对象选择中的作用 …… 192
10.1.2　在合作农业推广中重视组织间的合作倾向性程度 …… 193

10.1.3 认识和评估推广项目复杂性给合作绩效带来的负面影响 …… 194
10.1.4 构建和完善合作推广网络,发挥组织聚合优势 …… 194
10.2 深化合作农业推广工作的建议 …… 195
10.2.1 适时调整与农业推广有关的机构设置与制度安排,强化农业技术创新体系的协调功能 …… 195
10.2.2 促进农业推广组织之间的互动与协调 …… 198
10.2.3 拓宽推广服务领域,重视项目开发在合作推广中的纽带作用 …… 199
10.2.4 改进推广服务方式与方法,以推广服务模式创新增强组织聚合效应 …… 201
参考文献 …… 202
附录 合作农业推广调查问卷 …… 223
第一部分 组织与合作项目背景资料 …… 223
第二部分 主观测量表 …… 225

第一章　绪　　论

1.1　研究背景及意义

农业推广组织是为实现特定的农业推广目标，执行特定的农业推广职能，并根据一定的规章、程序而进行活动的人群共同体，是农业推广从无序到有序发展的一种状态和过程，是一定的农业推广人员所采取的某种社会活动的方式。在计划经济时代，我国农业推广组织体系具有典型的“一元化多线型”特征。经过30多年的改革与探索，现已形成多元化的雏形，这是一个巨大的进步。目前农业推广实践中，影响最大的农业推广组织主要有5种类型，即行政型农业推广组织、教育型农业推广组织、科研型农业推广组织、企业型农业推广组织和自助型农业推广组织（高启杰，1997，2013；高启杰等，2009）。然而，各类组织的发展定位不明、内部结构不合理、组织之间缺乏应有的沟通与互动，不能形成有效的组织聚合，严重影响了整个国家农业推广组织体系的运行效率（高启杰，2008，2010）。

对农业推广组织的分析表明，各类农业推广组织具有独自的边界，都需要找到某些功能关系而与其他组织间构成不同的组织聚合，因此组织聚合是现代农业推广组织发展的基本特征。国际上，基于组织聚合的合作农业推广已成为农业推广的主要趋势(Bentz，1997；Van den Ban，2000；Gao & Zhang，2008；高启杰，2013)。合作农业推广是指农业推广组织在农业创新形成与扩散的过程中与其他农业推广组织形成彼此信任、长期合作、互利互动，并不断改进和优化的合作关系网络。它包括了核心组织和延伸组织间的横向关系，农业创新产生和扩散过程各个主体之间的纵向关系等。在合作过程中，组织间的邻近性对组织聚合的成效具有极其重要的影响。

邻近性是创新研究、组织科学和区域科学等多个科学领域中的一个重要的新兴概念。邻近性这一概念最初被使用时主要指两个主体间的地理邻近性，然而随着信息化(减少了空间邻近性的影响)和全球化(增加了非空间邻近性问题)的深入，邻近性的其他维度，如制度邻近性、组织邻近性、文化邻近性、社会邻近性、认知邻近性和技术邻近性等在组织间的合作中扮演的作用越来越重要。组织间邻近性具有双面性，既不能过度，也不能不足，所以要研究合作农业推广中不同组织间在制度、组织结构、社会关系、技术、文化和地理位置上的差距会带来怎样的正面和负面影响，以便有效匹配其邻近性。组织间邻近性需要各个维度的组合，并且相互作用于组织的合作中。在农业推广合作中，决策者需要考虑多维度的邻近性组合，如果过分重视一种邻近性而未能认识到邻近性其他维度的重要性，可能难以获得组织聚合效应。组织间邻近性与合作农业推广网络密不可分，其内生地存在于这个组织互动网络的“结构—关系—行为—绩效”中。农业推广合作的成功离不开网络中各组织基于各种维度邻近性的良性耦合与互动。区分不同维度的邻近性对组织间合作的影响可以为合作农业推广提供非常有价值的信息。合作农业推广的过程是复杂的，组织间邻近性各维度对农业推广合作的影响各不相同，因而需要研究组织间邻近性对合作农业推广的影响机理，以便构建一个更为稳定和灵活的高效的合作农业推广网络。

本研究主要试图探讨在农业推广合作中，组织之间在资源、组织结构、关系和认知上的差距会带来怎样的影响，以及产生影响的中介效应和调节效应。研究目的是发现邻近性各维度对合作农业推广绩效的影响机制与影响效应，以指导推广组织在合作中建立各种适度的邻近性或采取相关的策略克服过度或不足的邻近性带来的负面影响。

本研究的意义及成果的预计去向是：①在理论上，尽管邻近性的概念在产业经济、创新与知识合作等领域得到应用，但研究结论并不完全适合于基于合作农业推广的组织间纵向合作与横向合作。本项目从合作农业推广的视角来研究组织间邻近性，划分并界定组织间邻近性维度，并从科学的角度，区分不同类型的邻近性对农业推广组织间合作关系和合作绩效的影响，是对合作农业推广理论研究和邻近性理论研究的深化。②在实践上，国际农业推广改革促使农业推广竞争与合作已经从单个组织间的竞争转变成为多个组织间纵向和横向的合作与竞争问题，而组织之间良好的互动与合作关系成为农业技术创新产生与扩散的关键。本项目研究组织间各种邻近性对农业推广组织的纵向合作关系与横向合作关系的不同影响,能为合作农业推广中的合作伙伴选择、合作机制与合作结构设计等方面提供决策参考,有助于农业推广组织构建稳定而又富有弹性的合作关系从而获得竞争优势和聚合效应,同时促进我国农业推广组织体系朝着多元化整体型的方向稳步发展。

农业推广组织体系建设涉及各类推广组织内部结构的优化、各类组织之间的互动与协调、组织与其所处环境之间的关系 3 个方面的内容。当这 3 个方面都适应农业推广改革与发展的要求进而形成相对的有序状态,那么就可以认为相应的农业推广组织体系是合意的。对农业推广组织体系建设的综合研究有助于形成促使组织结构优化及功能强化的环境条件和促使社会环境优化的推广组织体系。

1.2 研究内容与关键问题

本研究的主要内容包括:

(1)合作农业推广中组织间邻近性的维度分析。主要研究组织邻近性的哪些维度与农业推广合作相关,以及如何提炼和界定这些维度。在某一特定场合,不同类型农业推广组织之间有的是互相补充的纵向合作关系,有的是互相竞争的横向合作关系,区分这两种合作关系并分别研究:①组织间邻近性与推广创新产生、扩散与采用纵向合作的关系。这里将根据组织间邻近性的一般维度——组织邻近性、制度邻近性、认知邻近性、文化邻近性、社会邻近性、技术邻近性和地理邻近性分别探讨其与农业推广组织纵向合作的关系。②农业推广组织间邻近性与横向合作的关系。同样,这里将根据组织间邻近性的一般维度——组织邻近性、认知邻近性等与农业推广组织横向合作的关系。③农业推广组织合作中组织邻近性维度的提炼与界定。由于邻近性的各种维度概念和边界模糊且多有重叠,这对进一步研究组织间邻近性对合作农业推广的影响机制和影响效应是不利的。这里将根据以上的分析和相关的理论研究,界定合作农业推广中组织邻近性研究的基本维度及其内涵。

(2)组织邻近性对合作农业推广的影响机制研究。主要基于中介效应和调节效应来研究组织邻近性各维度对农业推广组织合作的影响机制。①组织邻近性对合作农业推广影响的中介变量。中介变量分析的目的是探讨组织间各维度邻近性主要是给农业推广合作的哪些方面带来正面或负面的影响从而最终影响农业推广合作的绩效。根据合作农业推广的特征与目的,中介变量主要采用了合作倾向性。②组织邻近性对合作农业推广影响的调节变量。这里主要分析组织邻近性影响合作农业推广的情境因素,即项目复杂性对组织邻近性与合作农业推广绩效的关系所起的调节作用。

(3)合作农业推广的绩效结构研究。如何评价合作农业推广的绩效是下一步组织邻近性对合作农业推广绩效影响实证研究的基础。由于农业推广合作伙伴成员间目的或合作形式不尽相同、成果价值不一定可量化、成员投入资源不同等原因,纯粹以产出的客观指标来衡量是不现实的,合作利益是难以量化的。本研究拟从两个角度考察合作农业推广绩效:客观绩效和主观绩效。客观绩效主要包括推广度、推广率与推广投入产出等,主观绩效主要包括合作满意度、合作目标达成程度等,并细化了各个构面的测度指标,以保证其在实证研究中的可操作性。

(4)组织邻近性对合作农业推广绩效影响的实证研究。本部分是整个研究的重点,前面所有研究都有待数据的检验。在理论推演和理论假设的基础上,基于问卷调研进行的统计性实证研究分为以下几个部分:①量表与问卷的设计。包括组织邻近性量表、中介变量量表、调节变量量表。②量表的信度、效度检验与量表修正,以及通过探索性因子分析对组织邻近性维度进行归纳与提炼。③用结构方程建模方法检验组织间邻近性各种维度与合作农业推广绩效的关系,同时验证其中介效应。④以合作农业推广的项目复杂性作为权变量,对组织邻近性的各维度与合作农业推广绩效的关系作回归分析,以研究项目复杂性在组织邻近性与农业推广合作关系中的调节作用。考虑到由于合作农业推广涉及的领域与研究对象复杂且各不相同,基于调查问卷的统计性实证研究可能会有一定的局限性,所以将在特定领域选择多个案例进行深入研究,作为本项目实证研究的一个重要补充,以进一步论证或修正相关的研究结论。

(5)基于组织间多维邻近性的合作农业推广策略和深化合作农业推广工作的建议研究。在以上研究结论基础上,将从组织邻近性视角,根据农业推广合作的不同场合在伙伴选择、伙伴关系强度、合作结构与合作机制等方面提出相关策略,同时根据组织间合作的理论、合作推广实践中的经验以及调查中取得的素材提出深化我国合作农业推广服务工作的建议。

所解决的关键问题在于:

(1)合作农业推广中组织间邻近性维度的识别与界定,包括横向合作识别和纵向合作识别及组织邻近性主要维度的归纳与提炼。

(2)合作农业推广的绩效结构研究。由于农业推广合作伙伴成员间目的或合作形式不尽相同、成员投入资源不同等原因,成果价值难以量化。本研究拟从客观绩效和主观绩效两个角度考察农业推广合作绩效,并研究相应的测度指标,为实证研究提供基础框架和操作导向。

(3)组织邻近性对合作农业推广绩效影响的实证研究。围绕理论推演和所提出的理论假设,基于问卷调研进行的统计性实证研究包括:量表与问卷的设计;量表的信度、效度检验与量表修正,以及组织间邻近性维度探索性因子分析;组织邻近性各种维度与合作农业推广绩效的关系结构方程建模;中介变量效应的检验;以合作农业推广的各种情境变量作为调节变量,对邻近性的各种维度与合作绩效的关系作回归分析等。

1.3 研究方法

本研究课题主要涉及推广管理、创新管理、组织行为学、绩效管理等学科领域,在坚持实证主义研究范式的基础上,用到的具体研究方法包括:

(1)文献研究法。本研究围绕"合作农业推广""邻近性""组织合作"等主题,搜集、阅读并梳理国内外相关的理论与实证研究成果,一方面了解了已有研究存在的不足,并进一步分析确立了未来的研究重点与方向;另一方面明晰了各变量间的关系路径,并为进一步的理论模型和假设构建打下基础。

(2)访谈法。本研究主要围绕合作农业推广问题,针对不同类型推广组织及其部分合作单位的主要负责人进行了半结构化访谈,一方面在于了解被调研推广组织及其合作推广项目的基本背景信息,如合作对象情况、具体合作方式、合作推广的技术类型等;另一方面在于深层次了解合作推广项目的运行机制、存在的问题等,以为最终提出相关的策略建议以及相关的案例分析准备素材。

(3)问卷调查法。由于量表在测量人们的态度、看法、意见等主观性较强的内容方面具有很大的优势,故本研究中的问卷主要以李克特(Likert)5点量表形式出现。在参考了国内外较为成熟的量表基础上,针对合作农业推广,本研究为组织邻近性、合作倾向性、项目复杂性、合作绩效等变量设置了具体的测度题项。依托量表,本研究在实地调查中主要采用了便利抽样法,选取不同类型的农业推广组织作为调查对象，并要求相关组织负责人以其近年内所参与过的合作农业推广项目情况为依据填写量表。由问卷调查而获得的大量一手数据和信息，为进一步的模型构建及假设检验奠定了基础。

（4）定量分析法。在研究中，定量分析法主要为数据资料的分析与表达服务。基于访谈及问卷调查而来的一手数据，本研究主要用到了回归分析方法和结构方程建模的方法。针对前者，本研究在检验各单变量间的关系假设时，主要采用了较为简单的单变量回归分析；在检验合作倾向性的中介效应假设以及项目复杂性的调节效应假设时，则主要采用了层次回归分析法，所采用的数据处理软件均是 SPSS 20.0。对于后者，本研究利用结构方程建模的方法构建起了包含组织邻近性、合作倾向性和合作绩效等多变量、多路径关系在内的中介模型，并主要采用 AMOS 20.0 软件对模型的路径关系进行了处理与检验。

（5）案例研究法。基于实地访谈所收集到的详细信息，本研究主要采用案例研究法来作为实证研究的重要补充，目的在于通过案例内分析和案例间分析，进一步揭示和印证组织邻近性各维度与合作绩效间的关系和影响机制。

1.4　技术路线

本研究的具体技术路线如下：

第一步：文献综述、归纳出具体研究问题。检索国内外有关邻近性研究、组织间合作与合作推广研究、农业推广竞争与合作研究等相关文献,对其所采用的研究方法、理论基础及其研究成果进行综述。提炼出具体研究目标和主要科学问题,如邻近性哪些维度与推广组织间合作相关,如何界定;组织间邻近性对农业推广合作的影响机制研究;合作农业推广的绩效结构研究;组织邻近性对合作农业推广绩效影响效应研究等。

第二步:理论推演与理论假设的提出。依据所提出的研究目标和主要科学问题进行理论推演,以组织间邻近性对合作农业推广绩效影响的研究为主线,制定明确的研究方案。对合作农业推广研究中组织间邻近性研究的基本维度及其内涵、组织间邻近性对合作农业推广影响的中介变量与中介效应、组织间邻近性影响合作农业推广的情境因素与调节效应、合作农业推广绩效评价的构面与测度指标、邻近性各维度对合作农业推广绩效影响的效应等方面提出理论假设。

第三步:组织邻近性对合作农业推广绩效影响的实证研究。围绕理论推演和所提出的理论假设,进行基于问卷调研和统计性分析的实证研究。采用问卷调研、访谈和实地考察等方法收集相关信息和数据。调研对象主要在网络效应明显的产业中选取。因为在网络效应明显的产业中,组织才对农业推广的竞争与合作更为敏感。首先通过相关机构访谈,设计量表和结构化调查问卷,问卷针对推广组织主管发放,分两次进行。第一次收集的问卷数据主要用于量表的信度分析和效度分析,并通过探索性因子分析归纳在合作农业推广中组织间邻近性维度的主要类别。第二次针对不同对象发放的问卷数据将用于进行组织间邻近性各种维度与合作农业推广绩效的关系分析，以及合作倾向性的中介效应分析，进行结构方程建模并对模型进行评价。同时以推广项目复杂性为调节变量进行回归分析，分析各种邻近性维度与合作农业推广绩效的关系。

第四步：组织邻近性对合作农业推广绩效影响的案例研究。由于合作农业推广涉及的行业与研究对象复杂且各不相同，导致在合作农业推广的研究中采用基于大范围问卷调研的统计性实证研究有一定的局限性。所以案例研究成为本项目实证研究的一个重要补充，以进一步论证或修正相关的研究结论。选择多个行业案例进行深入研究，在案例研究中将着重分析：①合作农业推广中所涉及组织成员的异质性，及不同组织间的合作在合作内容、合作形式、合作时间上是如何不同。②组织间邻近性的哪些维度对合作的倾向性有着重要的影响，并最终影响农业推广合作的成功。③分析合作农业推广中面临的项目复杂性，及其对合作推广绩效影响的调节作用。案例研究的数据信息主要来源于档案记录、访谈、直接观察等。

第五步：研究结论总结、策略建议与总体研究报告撰写。策略研究主要是在本项目研究结论的基础上，从组织间多维邻近性视角，分别针对合作农业推广的不同场合，在伙伴选择、伙伴关系强度、合作结构与合作机制等方面提出策略建议，并提出深化我国合作农业推广工作的建议。

1.5 本研究的特色与创新之处

(1)在选题上,目前关于农业推广组织合作的研究侧重于农业推广合作的动因、优势及组织管理等方面,较少涉及合作组织之间的异质性给合作绩效所带来的影响。本研究从组织邻近性视角,研究农业推广过程中横向合作与纵向合作的各种关系,探讨组织间在资源条件、结构、关系、认知和地理位置上的差距对农业推广合作的影响机制与影响效应,是一个全新的课题。

(2)在理论上,组织间邻近性的研究大多集中在产业经济和创新系统的研究中,关于非空间邻近性维度及其组合的研究较少。而农业推广合作显然是基于行业的跨地域的网络,空间邻近性不一定能有效匹配。本项目从邻近性相互作用和组合的角度,分析了组织间多维度邻近性与合作的关系,并探讨了在复杂的农业推广过程中,组织邻近性各维度与农业推广合作的匹配规律。

具体而言,本项研究针对合作农业推广的特点,在以下 4 个方面作了开创性的研究:农业推广组织邻近性维度的界定与提炼、组织邻近性对合作农业推广的影响机制研究、中介变量—合作倾向性的发现与界定、调节变量—项目复杂性的发现与界定。以下 4 个 方面在前人研究的基础上取得了突破性的成果:我国多元农业推广组织合作动机与模式分析、合作农业推广绩效结构的分解以及绩效评价指标体系的建立与选择、组织邻近性对合作农业推广绩效影响(包括中介效应和调节效应)的实证研究、基于组织邻近性的合作农业推广策略及建议。

以上 8 个方面形成的分析框架，无论是对合作农业推广战略的研究，还是对邻近性与推广管理的研究，都会在理论上有所贡献。

（3）在研究方法上，邻近性的研究基于理论推演的较多，其次是案例研究。这主要是因为邻近性的非空间性维度难以测量、组织间合作绩效难以评价。本研究在区分界定合作农业推广中组织邻近性主要维度、合作农业推广绩效结构研究的基础上，通过基于问卷的统计性实证研究和结构方程建模方法对组织邻近性与合作绩效两者关系的论证以及中介效应和调节效应的相关假设，体现了本项目在研究方法上的创新。

本章参考文献

[1] 高启杰. 现代农业推广学[M]. 北京：中国科学技术出版社，1997.

[2] 高启杰. 农业推广学[M]. 3 版. 北京：中国农业大学出版社，2013.

[3] 高启杰，等. 农业推广组织创新研究[M]. 北京：社会科学文献出版社，2009.

[4] 高启杰. 农业推广理论与实践[M]. 北京：中国农业大学出版社，2008.

[5] 高启杰. 中国农业推广组织体系建设研究[J]. 科学管理研究，2010，28(1)：107-111.

[6] Bentz R. P. Acquiring and managing financial resources[C]. Improving agricultural extension: a reference manual. Rome: FAO, 1997.

[7] Van den Ban A. W. Different ways of financing agricultural exten-

sion[J]. Agricultural Research & Extension Network，2000(7)：8-19.

[8] Gao Q. J，Zhang C. H. Agricultural technology extension system in China：current situation and reform direction[J]. Management Science and Engineering，2008，2(4)：47-58.

[9] 高启杰. 美国合作推广服务改革的动向、原因与启示[J]. 中国农村经济，2013(3)：80-88.

第二章　理论基础与文献综述

2.1　邻近性相关研究

2.1.1　邻近性的界定与维度划分

简单来讲，邻近性是指在一定的网络中具有不同资源的主体间所存在的某种共性的“类”或“群”特征，不同学科对邻近性的内涵与维度的解释有所不同。本节主要从法国邻近动力学派和其他邻近学派两个方面来梳理学界有关组织间邻近性界定与维度划分的研究成果。

2.1.1.1　邻近动力学派的研究

根据法国邻近动力学派最具代表性的 Kiral & Lung(1999)、Torre & Gilly(2000)等的研究成果，主体间的邻近性主要被划分为 3 个维度：地理邻近性、组织邻近性和制度邻近性。地理邻近主要是指各主体在空间上的接近程度，由于涉及交通运输的成本和信息通信技术的发展程度，因而它处于不断变化之中。对于组织邻近性和制度邻近性的划分,邻近动力学派内部也表现出了两种倾向:互动主义和制度主义倾向(Carrincazeaux et al.,2008;李琳、雒道政,2013)。从前者出发,Torre & Gilly(2000)在地理邻近性外只定义了组织化邻近性(organized proximity),这包含了两层逻辑,即依附逻辑和相似逻辑。在依附逻辑上,组织邻近性是各主体接近属于相同的关系空间(如企业、网络),也就是说主体之间存在直接的交换活动;在相似逻辑上,组织邻近性是指主体有相同的表征与基准空间、共同分享相同的知识,如行为规则、惯例、习俗以及正式的法律规则等。从后者出发,Kiral & Lung(1999)、Carrincazeaux et al(2008)在地理邻近性外定义了组织邻近性和制度邻近性,他们指出这3个维度的邻近性与本土化的创新系统运行有着直接联系,组织邻近性强调在一个既定的组织或合作机构中成员更容易发挥出各自的优势,即组织分工的重要性;制度邻近性则显得尤为重要,因为创新系统在区域层面是基于集体行动的,这就需要依赖于共享的有关行为、认知的共同准则,但这种准则并不是单方面强制的协议,而是针对利益分歧和利益冲突多方博弈和妥协的结果。显然,互动主义与制度主义对于邻近性维度的划分是有一定内在关联的,比如可以将组织化邻近的依附逻辑与组织邻近性相联系,将其相似逻辑与制度邻近性相联系。二者之间的区别不在于维度划分的不同,而在于强调的视角不同。从知识的外部性角度出发,互动主义强调了经济主体间互动交流对知识外部性的获取及创新的作用,制度主义则更多地从制度创新的角度寻找原因(Carrincazeaux et al.,2008;李琳、雒道政,2013)。

对于不同维度的邻近性，诸多学者也从不同角度进行了更加深入的界定。一些学者提出了临时地理邻近的观点(Rallet & Torre,1999)，认为只是在创新合作的某些阶段，如在创新合作的开始阶段和谈判阶段、隐性知识的创造和交换阶段以及创新者发生冲突的时候才需要面对面地接触，交互行动的经济主体不需要在地理区位上永久性接近，其余阶段可以通过短期访问、会议以及其他信息通信渠道来发生经济联系。还有一些学者通过进一步的研究分析，认为知识基础是企业相互交流与互动的前提，它既包括企业的普通知识(如对有关产品、行业的一般性认知)，也包括企业的特有知识(如专利、核心技术等)。Nesta & Saviotti(2005)将知识基础(knowledge base)定义为能为企业生产性目的服务的知识集合。Carrincazeaux et al(2001)认为正是由于知识本身具有隐性、黏性等特征，才使得知识基础往往具有复杂性，并将知识基础的复杂性划分为两个维度：组合复杂性和技术复杂性，组合复杂性强调了互动能否顺利进行，而技术复杂性则强调了互动的成果能否成功为企业所分享。

2.1.1.2 其他邻近学派的研究

在邻近动力学派之外，其他一些学者在邻近性的界定和维度划分方面也进行了很多有益的探讨，提出了如认知邻近性、关系邻近性、技术邻近性、文化邻近性等更加多元的邻近性维度。以下一些国外学者的观点最具影响力。

Boschma(2005)在邻近动力学派研究的基础上，通过把认知维度从组织维度中分离和社会维度从制度维度中分离，将邻近性进一步分成了认知邻近性、组织邻近性、社会邻近性、制度邻近性和地理邻近性 5 种类型。在地理邻近性的界定上，Boschma 和邻近动力学派的观点是一致的。他从知识溢出和知识转移的视角出发，认为认知邻近性是指彼此分离的个人或组织在知识基础上的距离，将认知邻近性概念引入到产业进行动态分析可以超越知识特征的功能性区别，不必在意知识的内在本质，同时也不包括组织或经济关系，而组织邻近性程度可以根据经济主体在网络中的不同位置判断它们在组织上是否相互接近，也就是说组织邻近性应专指主体间的协议性质。他在邻近动力学派对于制度邻近性界定的基础上，将社会邻近性从中抽取出来，认为制度邻近性应是一种宏观分析，这可以跨越地理界线来对比法律、文化等存在的差异；而社会邻近性则是一种微观分析，它代表了基于个人关系的经济主体之间的联系，这能够根据个人之间的友谊、血缘或者信任程度来评价或判断，但社会邻近性则无法从地理空间上明确区分开来。此外，他认为过多或者过少的邻近性都会对交互学习和创新有不利影响，并提出了诸多保持良好合作、避免“锁定”的方法。

Moodysson & Jonsson(2007)出于方便实证研究中对于邻近性测度的目的，在吸收了 Zeller(2004)、Boschma(2005)对于邻近性维度划分的基础上，将邻近性划分为功能邻近性(functional proximity)和关系邻近性(relational proximity)两个维度。功能邻近性是指受可移动性所影响的实际距离，也称可达性。

功能性邻近不仅包括几何学当中的具体的空间距离，而且还包括时间和成本的维度，这可以用前往目的地所花费的时间和成本作为测量指标。为了界定关系邻近性，他们批判了邻近动力学派 Torre & Gilly(2000)对于组织邻近性包括依附逻辑和相似逻辑的划分，认为这两种逻辑是相似的、互为因果的，组织邻近性只需保留相似逻辑即可。基于此，他们指出关系邻近性是指基于合作者主体彼此相互亲密关系和相似性的抽象维度，这种抽象维度主要包括了 Boschma(2005)所提出的认知邻近性、组织邻近性、社会邻近性和制度邻近性等。同时他们认为可以通过网络组织的监管性、网络的标准性和网络的认知性 3 个中介变量来测度关系邻近性。

Knoben & Oerlemans(2006)则在组织合作的框架下研究与探讨了组织间的多维邻近性。基于对邻近性相关文献的研究与分析，他们从多组织出发的一般性层面和组织间二元层面分析了地理邻近性、组织邻近性、文化邻近性、技术邻近性、认知邻近性、制度邻近性和社会邻近性 7 个维度邻近性与组织间合作的相关性，在组织合作的框架下通过深入分析将邻近性维度重新划分为 3 个：地理邻近性、技术邻近性和组织邻近性（包括组织结构邻近性、文化邻近性、认知邻近性和制度邻近性），并进一步研究了在组织合作中这些邻近性维度发挥着何种作用。

从国内的角度来讲，李琳(2009，2014)的观点最具有代表性。她基于组织合作层面提出了多维邻近性的概念框架，将多维邻近性划分为地理邻近性、组织邻近性和认知邻近性，其中地理邻近性既包括组织间绝对距离的远近也包括相对距离的远近；组织邻近性指组织间特征的相似性和组织成员的归属性程度，具体包括组织结构、组织文化、组织制度约束、组织所处社会关系与地位特征等的相似性与归属性；认知邻近性则涵盖了一般意义上的技术邻近与认知邻近（知识基础的相似性），具体指组织间在语言、经验、价值观、目标、技术等方面的相似性，这3个维度邻近性既独立地作用于组织合作中，又以不同的形式相互组合作用于组织合作。此外，她又进一步指出，这一邻近性维度框架不仅可以解析组织间合作创新的驱动机制，而且可以解释区域间（集群）合作创新的驱动机制。除此之外，王兴平等（2015）在城际创新联系的框架下，植根于中国的文化背景，基于“业缘、地缘、人缘”的观念，相应地将邻近性划分为技术邻近性、地理邻近性和社会文化邻近性，这对于从更广层面研究更大空间实体间的邻近性关系提供了较好的理论借鉴。

2.1.2 邻近性与组织合作创新研究

“邻近性”这一概念提出的最初目的在于：一方面试图超越将市场作为很多经济实体地理集聚的一个关键原因，将关系、制度等社会维度的因素融入到经济分析之中；另一方面则试图在经济分析中增加网络分析这一非地域化视角的分析方式。出于此目的，学者们逐渐跳出地理邻近性单一维度的束缚，研究的重点开始逐渐从地理邻近性与产业集群的关系细化转移到探讨组织间的多维邻近性对于组织合作（尤其是产、学组织合作）创新、合作创新绩效等的影响作用。组织合作创新作为一种跨组织边界的联合创新活动,其存在着诸多类型,既可以是单一的企业组织间、学术组织间的合作,又可以是跨组织类型的产、学、研组织间的合作。从总体上讲,国内外对于邻近性与组织合作创新的相关研究仍处于起步探索阶段。

2.1.2.1 国外邻近性与组织合作创新的相关研究

在法国邻近动力学派20世纪末首次提出邻近性概念以后,基于实证分析,国外很多学者也验证了地理邻近性是影响组织合作创新的重要因素,即组织间地理距离越远越不利于最终的合作产出。在此基础上,为了进一步揭开组织间邻近性与组织合作间的“黑箱”,一方面学者们在研究组织合作时开始广泛引入其他非空间邻近性维度作为前置变量或者情境变量;另一方面则开始在邻近性与组织合作绩效间寻找中间变量,以更好地阐释变量间的影响路径与作用机制。以下是较有代表性的实证研究成果。

Ponds et al(2007)基于对荷兰生命科学和物理科学研发合作实际情况的调研,剖析了地理邻近性与制度邻近性在大学、公司以及政府研发机构等多组织类型研发合作中的角色。研究结果显示,地理邻近性对于研发合作的影响更多地体现在通过抵消组织间的制度邻近性差异所发挥的间接作用上,而不是直接促进作用上。具体来讲,相对于纯学术性组织间的合作,地理邻近性对学术性组织与非学术性组织之间的合作影响更大,地理邻近性可以在很大程度上抵消组织间的制度邻近性差异，以常见的产、学、研合作为例，这种不同组织类型间的合作创新，就比同类型组织合作创新所能跨越的地理距离更小。

Teixeira et al(2008)基于对 CRAFT 国际研发合作项目的调查，对技术产业中低技术中小企业间的研发合作情况展开了实证分析，结果发现：较为成功的国际研发合作项目中，组织间文化邻近程度较高，且保持了较远的地理距离，此外，他们还发现合作项目中组织间的地理距离越远，所研发的技术越先进；组织间的地理距离越近，技术含量越低。

Balland(2012)利用欧盟 2004—2007 年全球导航卫星系统(GNSS)产业研发合作项目的相关数据，重点探究了多元组织(包括大学、企业、政府和社会组织四个维度)间的邻近性对于彼此合作关系网络的影响。其首先基于 Boschma(2005)邻近性的五维度划分理论，对 5 个维度邻近性进行了可操作化的实证测量，然后借助 SIENA 模型测量了 5 个维度邻近性对于组织合作的动态影响机制，结果表明：只有组织间的地理邻近性、组织邻近性和制度邻近性正向促进了组织间的合作；认知邻近性没有促进组织间合作的原因在于 GNSS 产业中的合作更注重组织间知识基础的异质性；与多边合作相比，社会邻近性在双边合作中更容易产生和发挥作用。

Cunningham & Werker(2012)通过对欧洲纳米技术产业的调查，建立回归模型探究了多维邻近性对于组织间合作研发效率及产出(以合作强度指标来测度)的影响。结果显示，地理邻近性对于组织合作具有显著的正向影响,彼此间的地理距离越近,越利于提升合作强度,但是通过通信技术等可以弥补组织间绝对地理距离较远带来的负面影响;技术邻近性(被认为是认知邻近性的一部分)则与组织研发合作产出间存在着一种倒“U”形关系;组织邻近性则只对合作产出有部分的影响,这是由于组织类型不同其在合作中的诉求和作用各不相同,相较之下,在合作中非学术性组织的产出更为高效。

Hewitt-Dundas(2013)基于英国企业创新调查(2002—2005)数据重点研究了校、企合作创新中邻近性的角色。从企业角度讲,校、企间的地理距离对于企业从战术层面选择大学合作伙伴具有重要影响,若企业具有内部研发能力,更倾向于同地理距离较近的大学进行合作,更进一步地,若对内部员工的教育和培训可以克服对地理距离的硬性要求,认知邻近性则会替代地理邻近性成为影响校企合作的关键要素;当企业得到了政府有关创新相关的政策支持时,会更乐于同大学展开合作。从大学角度讲,对于企业合作伙伴的地理距离没有太多刻意地关注;若其选择与当地企业合作,这些企业大多为研发能力差、市场狭窄的小企业;值得注意的是,大学学术能力对于校企合作有动态影响,若大学学术能力可以保持稳步持续增长的态势,将会吸引更多的企业留在区域内并保持合作关系。

Franco et al(2014)以组织合作创新为出发点,建立起了“邻近性—组织潜在吸收能力—合作创新”路径分析框架,基于 CIS 数据实证研究发现:组织间较高的地理邻近性和宏观制度邻近性可以促进合作中组织潜在吸收能力(potential absorptive capacity)的提升,相反,组织间较高的微观制度邻近却阻碍了合作中组织潜在吸收能力的提升。进一步地,他们发现学界所认同的外部整合机制(integration mechanisms)变量对组织潜在吸收能力的影响并不大,反而是人力资本(human capital)投入要素在组织潜在的吸收能力与合作创新之间起到正向的调节作用。

Geldes et al(2015)则将研究的关注点从组织间的技术合作创新转移到市场合作创新上来,并以智利某农业综合企业产业集群中的企业为调研对象,重点考察地理邻近性和其他非空间邻近性维度对于企业间市场合作行为的影响。他们首先在 Boschma(2005)邻近性五维度划分的基础上,通过探索性因子分析将非空间邻近性维度合并为制度邻近性、社会邻近性和认知-组织邻近性 3 个维度,然后建立结构方程模型发现:与前人的实证研究结论相反,地理邻近性对于企业间的市场合作关系并没有显著的影响,且非空间邻近性维度中只有社会邻近性对于企业间的市场合作关系有正向显著影响。进一步地将地理邻近性作为情境变量加入模型,结果显示其在非空间邻近性维度与企业间的市场合作关系中并未起到任何调节作用,这一结论也同 Boschma(2005)、Knoben & Oerlemans(2006)、Broekel & Boschma(2011)等提出的地理邻近性可以促进其他非空间邻近性维度的观点相反。

2.1.2.2 国内邻近性与组织合作创新的相关研究

国内关于邻近性的研究相对国外较晚,有关邻近性与组织合作创新的相关研究较少，且多集中于最近几年，研究成果也相对零散。

从理论分析角度出发，Gong Zhi-gang（弓志刚，2008）较早地指出在当代经济社会中，组织间的合作创新是最为有效的创新方式，并且邻近性对于组织合作创新具有重要影响。其中地理邻近性对于合作创新并没有直接影响，主要是通过影响其他非空间维度的邻近性来最终影响合作创新，组织邻近性、社会邻近性、制度邻近性和战略邻近性等都对于合作创新有协同影响，且是一种倒“U”形的影响。李琳和韩宝龙（2009）则基于组织合作框架提出了多维邻近性对于组织合作的影响机理：单一的地理邻近性对于组织合作并没有直接影响，它主要通过强化认知邻近性和组织邻近性来影响组织合作创新；单独的组织邻近性只局限于管理、组织方面的合作创新，单独的认知邻近性只局限于产品创新；3 个维度邻近性的适度组合将在产品创新和组织、管理创新方面产生都良好的正面效应。黎振强（2014）在 Knoben & Oerlemans（2006）研究的基础上，分析了地理邻近性、组织邻近性和技术邻近性对于组织间合作创新绩效所可能产生的正效应和负效应，并通过函数推导的方式指出：这 3 个维度邻近性在合作创新中的作用并不是对立的，均可以通过独立的或者组合的方式对创新绩效施以影响，较为理想的方式是通过某种方式的组合，实现多维邻近性对合作创新绩效积极影响的叠加效应。

为了更好地阐释组织间的邻近性对于组织合作创新的影响作用，一部分学者采用了案例分析的方式展开了相关研究。毛崇峰等(2012a)基于“闪联”的案例分析,从地理邻近性、技术(知识)邻近性、认知邻近性和制度邻近性4个维度出发,分析了其对技术标准合作绩效的作用方式,并以“闪联”的形成和成长过程论证不同邻近性对技术标准合作绩效的影响。进一步地,毛崇峰等(2012b,2012c)根据TD-SCDMA案例,深入分析了认知邻近性对横向技术标准合作以及纵向技术标准合作的作用,对于前者而言,基于竞合关系导向的认知邻近性是横向技术标准合作的基础,因此理顺竞合关系,形成真正的合作导向项目成为了关键;对于后者而言,合作伙伴对于共同的利益基础和价值导向等的认知邻近贯穿于技术标准创新合作的全过程(初期、中期、后期),故围绕产业链的上下游企业间合作应成为主旋律,他们之间的认知越是相近,越有利于关系的稳固以及技术标准化的成功实现。此外,该课题组中的侯琳等(2012)、周青等(2013)也基于“闪联”等案例,分析了制度邻近性对于技术标准合作绩效、高新技术企业合作创新的作用路径。

除了案例分析的研究方式以外,还有一部分学者采用了更加严谨的实证研究方式对组织间的多维邻近性与组织合作创新的关系展开研究。

Wei Hong & Su Yu-sung(2013)利用中国1985—2004年的专利数据,重点研究了制度邻近性对于非区域性(non-local)产、学合作的影响,基于回归模型分析发现:在中国背景下,大学企业间的地理距离仍然是影响产、学合作产出的重要因素;更高的水平制度邻近性(同从属于相同的中央部委下)和垂直制度邻近性(同在相同的地方政府管辖内）会显著促进产、学间的合作，这种促进作用在组织间地理距离较远时尤为明显；若产、学组织间基于之前合作经历而存在着较强的社会邻近性，则可以较好地削弱较远的地理距离带来的负面影响。

曾德明等（2014）在 Ponds et al（2007）研究的基础上，以2006—2011 年中国钢铁产业的发明专利为样本，并采用最小二乘法和序列逻辑回归方法实证研究了组织邻近性和组织背景对组织合作创新所能跨越的地理距离的影响。结果显示：地理邻近只是组织合作创新的一个促进因素而非决定性因素；合作创新中组织邻近程度与地理邻近程度负相关，组织邻近程度越高，组织合作创新的地理邻近程度越低，具体来讲就是非同类型组织合作创新比同类型组织合作创新所能跨越的地理距离更小，即对于地理邻近性的依赖性程度更高；从组织背景角度来看，企业合作创新所能跨越的地理距离最大，产、学、研合作创新次之，学术机构最小。

黎振强和王英（2015）以产业园区中的中小高新技术企业为调查对象，通过建立结构方程模型，探索了企业间地理邻近性/认知邻近性、知识获取和最终创新绩效之间的关系。实证结果表明，企业之间的地理邻近性和认知邻近性对最终的创新绩效有显著的正向影响；同时知识获取变量在邻近性两维度与创新绩效间起中介作用，即企业之间的地理邻近程度和认知邻近程度越高，越有利于企业获取知识，进而提升创新绩效。

2.2 合作绩效管理理论

2.2.1 合作绩效及其衡量

管理学常以绩效作为结果变量来衡量影响因素变化所产生的不同效果。绩效是指在一定的制度安排下人们行为努力的结果。它不仅指的是以货币计量的收入,也包括个人或集团表达对现状满意程度的所有指标。如产出的增加、效率的改善、公平程度的提高、成本或交易费用的降低、激励水平的提高等,都可称之为绩效的改善(罗必良,2000)。有效的绩效评价有助于发现组织合作创新中的关键要素,而合作创新绩效可用技术合作的实现、核心竞争力的提升等作为合作创新绩效的评价标准(任强,2012)。

早期国外对合作绩效的研究主要从财务绩效的角度,也就是经济结果的角度来考虑,故指标多集中于反映利润率、市场效果、客户满意状况等。之后学者们开始逐渐拓宽对合作绩效的考察维度,McGee et al(1995)将合作绩效分为绝对绩效和相对绩效,其中相对绩效用目标实现程度、利润率及利润增长率来衡量,绝对绩效以客户满意度、物流成本、获利能力以及关系持续状况来衡量;Zollo et al(2002)将合作绩效测量的维度分为直接绩效和间接绩效,间接绩效的测量指企业从合作中获得的竞争优势,既可用企业自身的营利性指标表示,也可以用企业竞争优势的提升来表示,直接绩效的测量可以用对合作目标实现的满意度来测量;Ambrose et al(2007)从短期绩效和长期绩效来进行评价，他认为供应链成员企业间的短期绩效是为了通过市场效率来获取利润，而长期绩效则依赖于建立良好的伙伴关系。还有一些国外学者针对合作绩效指标的主观性和客观性问题展开了讨论，认为由于合作形式和合作目的的不尽相同，纯粹以客观性指标来衡量合作绩效不妥(Anderson,1990)。Geringer & Herbert(1991)进一步研究了主观衡量指标和客观衡量指标之间存在着显著的正相关关系，有时可以直接进行主观评估。

从国内的实证研究来看，一部分学者采取了主观绩效和客观绩效相结合的方式来衡量合作(创新)绩效，如李随成、杨婷(2007,2009)认为主观绩效包括合作满意度、合作目标达成度、自身研发风险降低、企业自主研发能力提升，客观绩效包括新产品投入市场速度、新产品种类、产品生产成本的降低幅度等；王浩、梁耀明(2011)也认为绩效评价的具体实施不仅要考虑对组织预期目标和计划的实现程度，以及影响该目标和计划实现的过去行为的效率和效用实施评价，必要时还要考虑对利益相关者的满意程度进行评价。另一部分学者偏重于从主观性指标方面来考察合作绩效，如潘文安、张红(2006)将合作绩效的评价指标设置为营利能力、目标达成度、关系持续度、客户满意度；李玲(2011)认为合作绩效的衡量主要包括关系稳定程度、合作满意程度和创新能力提高程度，得到了较为广泛的应用。以上关于合作绩效的不同评价角度分析为后续相关研究提供了理论基础。

2.2.2 合作绩效的影响因素

跨组织合作绩效受到多方面因素的影响,在当前国内外研究中,不同的学者依据不同的方法对这些影响因素进行了评价和分类,并运用不同的模型框架来解释其对合作绩效的影响。一般来说,跨组织合作涉及合作发起、伙伴选择、合作的建立、合作的实现及合作的终止这一整个过程。Rothwell(1992)通过研究鉴别了大量合作创新成功因素(合作创新成功代表合作产生了良好的绩效),如:建立良好的内外部沟通、把创新作为一项合作任务、仔细计划并控制创新项目、提高工作和产品的实施效率、强有力的市场定位、为顾客提供良好的技术服务、关键人物的存在、提高管理水平、发展创新和企业家文化等。Marxt & Link(2002)将合资企业的合作创新成功因素归纳为结构、文化及风险这 3 个方面,他们根据合作的发起、合作伙伴的选择、合作的建立、合作的实现及合作的终止这一系列流程,归纳了战略层面上和操作层面上的成功影响因素,见表 2-1。

除了上述从项目合作过程角度的分析,外部环境因素也是影响跨组织合作绩效的因素。Oliver(1990)特别强调了当前执行的法律或规定、相关机构反对或中立的态度等对跨组织合作的重要作用,并相应命名为“合法性”与“必要性”。Liu & Shou(2004)列出了 15 个影响战略联盟形成的因子,主要可以归纳为三大类别因素:一是宏观环境的因素,主要包括目标市场的法规限制、政府对联盟的支持程度等;二是产业环境因素,主要包括企业所处产业的增长阶段、集中程度、产品标准化程度，以及技术本身的强度、创新速度、开发成本、时间压力、目标承诺和能力等；三是组织环境因素，主要包括企业自身的规模，过去的合作经验、业务竞争地位、研发的重要性认识，以及业务扩张的意图等。

表 2-1　合作绩效(合作创新成功)影响因素

	结 构	文 化	风 险
发起	详细的 SWOT 分析； 清晰的战略定义； 项目清晰可实现的目标	合作文化的开发； 合作经验 积极的态度	风险对话； 风险认知； 愿意忍受、分享风险； 项目分析
伙伴选择	所需资料； 战略匹配； 伙伴间的平等性； 相似的结构； 过去的经验	文化兼容性； 相同的价值观； 对伙伴关系的承诺； 信任、开放、诚实； 对能力的信心	伙伴对风险和信息分享的准备； 对安全和风险相似的预测； 伙伴风险分析
建立	“双赢”； 详细的项目目标； 所有伙伴认同目标； 初始合作协议	高层管理间信息交换； 信任的建立； 处理文化差异	互惠互利和相互依存 联合项目风险分析 正式的风险和利益分享协议
实现	责任、规则； 经验及社会技巧； 有效控制； 协作支持	高层管理的承诺； 交流频繁性； 创造团队精神； 有效的冲突解决	系统风险管理； 项目控制以鉴别风险； 避免跑偏
终止	整体分析合作的发展； 项目间的技术决窍转移	建立良好的人际关系； 愿意进一步发展合作	了解风险和项目成败

资料来源：Marxt C & Link P. Success factors for cooperative ventures in innovation and production systems. International Journal of production Economics, 2002,77(3):219-229.

另外，Giuliania et al(2010)认为，影响合作建立及绩效的因素包括两个层面，一是研究者个人层面，二是组织层面，包括机构的类型、规模和同事员工的关系。Sugandhavanija et al(2011)对泰国光电技术转移领域的产、学合作进行研究后,分别从高校、产业和联合机制 3 个方面探讨了影响产学合作的影响因素,并细分为 25 个具体的指标。张昌松等(2002)认为影响大学企业合作创新选择的因素包括:合作主体因素(投入、合作历史、知识和能力的互补性),合作客体因素(技术生命周期、技术复杂性等),合作主体间沟通因素,以及主客体所处的环境因素。朱铭(2006)将基于相对闲置资源的企业合作创新项目绩效的影响因素概括为项目特征因素、项目团队因素、相对闲置资源因素、保障因素、环境因素 5 个方面,项目特征因素主要考虑项目倡导者的特质、项目的文化影响及项目合作经验;项目团队因素则从项目的团队建设、伙伴关系及软能力这 3 个方面进行分析;相对闲置资源因素主要包括相对闲置资源的投入和匹配 2 个方面;在保障因素中,从过程控制、风险责任及利益分配机制 3 个方面来进行研究;环境因素是影响合作创新项目的外部因素,包括了市场因素、地理位置。林庆藩和余建辉(2012)认为,企业成立年限、企业规模、销售收入、吸收能力、合作意愿、地理距离以及技术合作模式均影响校企技术合作绩效,并从有形绩效和无形绩效两个方面设计校、企技术合作绩效的评价指标,前者包括产品品质提升、生产工艺水平提升、产品技术标准提升、专利拥有数量增加、销售收入增长,后者包括合作目标完成度、知识储备增加、技术人员水平提升、技术创新周期缩短、新知识拓展使用强度,并采取熵权法确定绩效评价指标的权重,得到各样本的加权绩效评价值,达到绩效指标降维的效果,最后利用逐步回归分析方法进行了实证分析。

2.2.3　合作绩效具体评价方法

本研究认为如何评价多元农业推广组织合作绩效水平，对于选择合理有效的合作模式，发挥推广组织合作项目的示范带动作用，推动农业科技成果的转化，提高合作推广的绩效具有重要的现实指导意义。目前，农业技术推广绩效评价的方法已经由定性为主开始转向以定量为主，而且越来越重视数学模型的应用。总结起来，相关的评价方法主要包括因子分析法、层次分析法、模糊综合评价法、案例集对分析法等。这些评价方法没有绝对的好坏，研究者需要针对实际情况和评价的目标，选择最佳的绩效评价方法，以量化现实中各种合作推广项目的绩效水平。

在此，结合产学研合作等跨组织合作绩效的评价方法，以及当前农业技术推广绩效等方面的评测，本研究将合作绩效评价方法主要归纳为以下几种。

第一，因子分析法/主成分分析法。因子分析法/主成分分析法是旨在以较少的几个因子反映原资料的大部分信息，或利用降维的思想，把多指标转化为少数几个综合指标的一种方法。这是一种基于客观信息的综合评价方法，在指标权重选择上克服了主观因素的影响，避免了人为因素带来的偏差，有助于保证客观地反映样本间的现实关系。申红芳等（2012）对基层农业技术推广考核激励机制的现状及其对推广人员行为和绩效的影响进行了分析，其主要选取了沟通行为、指导次数、指导及时性、指导方式、工作态度和指导内容 6 个方面指标来衡量农技推广人员的推广行为，并从农户角度选择了增产效果、农户满意度、指导作用和农民素质提升 4 个变量来反映推广行为所产生的推广绩效,最后,采用因子分析方法来综合评价农技推广人员的推广行为和推广绩效。廖西元等(2012)则采用因子分析法建构出推广的增产效果、农户满意度、指导作用和农户种稻素质提升 4 个绩效评价指标。

第二,计量回归法。计量回归法是研究各变量相依关系的统计分析方法,其基于观测数据建立变量间适当的依赖关系,以分析数据内在规律。杨雷(2011)主要是从员工的知识水平提升、产品及生产技术质量的改进和创新以及财务指标等角度来衡量跨组织合作的知识流绩效,用 SPSS16.0 统计分析软件分别进行了描述性统计分析、量表的效度和信度检验、变量间的相关性检验、方差分析、多元层次回归分析,以验证其研究假设。任强(2012)采取李克特 7 点量表尺度计分法,在 SPSS 中将量表变量的类型设置为次序尺度或等级尺度(ordinal),运用多元统计回归方法发现:合作网络嵌合程度通过未来期望、关系经验、适应能力、信任与沟通、技术匹配度 5 个因素影响企业合作创新绩效;组织间互动强度通过未来期望、适应能力和技术匹配度 3 个因素影响企业合作创新绩效。

第三,模糊综合评价法。模糊综合评价法是一种基于模糊数学的综合评标方法,该综合评价法根据模糊数学的隶属度理论把定性评价转化为定量评价,即用模糊数学对受到多种因素制约的事物或对象做出一个总体的评价。它具有结果清晰、系统性强的特点,能较好地解决模糊的、难以量化的问题,适合各种非确定性问题的解决。林盛杰和张家皋(2000)运用模糊综合评估法,选择学研对合作的贡献、企业对合作的贡献、产、学、研各方良好的关系以及效益分析等指标建立了产、学、研合作质量评估体系；曹静等(2010)从合作创新环境、合作创新投入、合作创新产出、合作创新运行和合作创新效果 5 个方面评价产、学、研结合技术创新绩效评价指标体系，并采用模糊积分评价方法对各指标进行测算。徐彬和段晓明(2011)采用格栅获取、模糊 Borda 数法和直接赋权法确定了指标体系的权重，再根据多层次模糊综合评价法，以成都地区某农业科技型企业为例，对其科技成果推广绩效进行综合评价。

第四，案例集对分析法。集对是由有一定联系的两个集合组成的基本单位，集对分析是一种基于一定问题背景，对一个集对所具有的特性作同、异、反等辩证和定量分析的一种系统和数学分析方法。李新荣(2013)在论述产、学、研合作项目绩效评价指标设计原则的基础上，从投入与产出两方面设计项目绩效评价指标，前者包括合作项目组成员、合作经费投入、依托平台、合作时间等指标；后者包括科技成果产出、经济(或社会)效益、成果应用等指标。在此基础上，他进一步运用集对分析的思想方法建立高校产、学、研合作项目绩效评价的方法与模型，并举例说明其初步应用。

第五，其他方法或复合方法。叶选挺等(2009)将知识生产函数应用于科技合作计划项目绩效定量评价的研究，构建了符合计划项目特点的绩效评价模型和投入产出指标体系，并根据上述指标体系，采用专家评定法确定权重值，对于无法人为确定权重的一级指标，采用基于熵的综合赋权法确定权重值。谢志宇(2004)认为应采用综合性的指标来度量产、学合作绩效,以此为出发点其设计了财务、技术转移、技术创新和合作的满意度 4 个方面的测量指标,并运用结构方程模型分析、方差分析、因子分析等方法进行了验证。张淑云(2011)运用层次分析和模糊综合评判相结合的方法,基于农户视角对推广组织的服务绩效(技术供给能力、技术服务质量和技术服务效果 3 方面)进行了评价。

2.3 组织间合作理论与组织聚合

组织间合作问题是现今学术界讨论的焦点问题。所谓组织间合作,简单来讲就是两个或者多个组织基于互利共赢的目的,通过正式或者非正式的方式所建立起的某种合作关系。组织间的合作形式是多种多样的,针对合作行为的深入分析,组织间的合作按照其目标导向可以分为探索性合作和应用性合作(Rothaermel & Deeds,2004)。其中探索性合作倾向于跳出企业当前已有的知识框架和技术轨道,寻找并创造新的知识;应用性合作倾向于在现有的知识领域内进行精细化操作(刘衡,2011;March,1991)。若按照组织间关系方向的不同,组织间的合作可以分为横向合作和纵向合作。简单来讲,纵向合作,即企业与上游供应商和下游客户之间的合作;横向合作,即与竞争者和互补者之间的合作(罗定提,2005)。

如今学界有关组织间合作的研究错综复杂,许多学者运用了经济学、管理学、社会学、心理学等学科的理论对于组织间合作加以分析，试图合理地解释组织间合作的动机。根据学者们关注的重点，并参考了 Nohria & Garcia-Pont（1991）、Osborn & Hagedoorn（1997）的类别划分，本研究大致将组织间合作理论基础分为三类，见表 2-2。

表 2-2 组织间合作理论分类

合作理论	代表学者	基本观点
交易成本理论	Williamson（1975，1985，1991）；Ring & Van de Ven（1992）；Kogut（1988）；Hennart（1998）等	该理论从降低交易成本为出发点，关注合作中的交易频率、专用性资产投入和不确定性。不同类型的交易模式（包括股权交易模式、非股权交易模式、契约交易模式等）会产生不同的交易成本，当通过合理的机制设计（特别是控制机制）而降低了合作双方的机会主义行为倾向时，组织间合作的交易成本就会下降，相应的合作价值将会上升，进而推动了组织间合作
资源基础理论（知识基础理论）	Wernerfelt（1984）；Dyer（1996，1997）；Sampson（2004）；罗珉（2008）等	该理论源于战略管理理论，它是从能否提升交易价值的角度出发来分析组织间合作现象的。由于交易价值的水平取决于双方合作伙伴的各项资源投入，特别是诸多资源要素投入之间的匹配性和互补性，因此资源基础理论关注的核心问题是组织之间的资源、能力可能存在的互补性以及潜在的协同效应，这种协同效应，可以表现在规模经济性、组织声誉、关系和行业影响力、组织研发、创新能力等诸多方面。 从资源基础理论出发，一些学者将对企业战略性资源的探讨逐渐转移至组织间的知识资源。知识基础理论认为，组织间的合作有助于从合作伙伴那里学习和获取互补性的知识和信息，并以此来促进组织自身“核心能力”的提升

续表 2-2

合作理论	代表学者	基本观点
社会关系管理理论(社会交换理论、网络关系理论等)	Blau(1964);Gulati(1999);Dyer & Nobeoka(2000)等	社会关系管理理论的基础便是社会交换理论,基于社会交换理论所形成的社会合作观认为组织间合作是一种建立、发展、维持并改善长期的、互惠的合作伙伴间关系的行为,影响合作关系质量的因素是多维的,包括信任与承诺、相互依赖、公平感知、冲突解决、关系规范等。 基于管理学研究的视角,组织间的网络关系理论由 Gulati 等学者提出,认为组织间纵横交错的联系是一种不可模仿的资源,组织间合作所形成的网络关系是组织创造资源的手段和获得多元知识与信息的途径。正因为网络关系对组织有这些正面影响,其也被称为网络资源,并被划分为四个维度:网络结构资源、网络成员的资格资源、关系链形态资源和网络管理能力资源。组织间合作所实现的网络资源的积累、获得和运用,是组织创建可持续竞争优势的保障

基于这些理论对于组织合作的研究各有其侧重点,这些理论间并不是不可融合的,如交易成本理论关注于合作过程中的权威和层级控制,而忽视了重复合作过程中的信任机制对于机会主义的抑制作用,而这些正是社会交换理论所强调的。

农业推广组织是由一定要素(推广人员、推广部门等)组成的,有特定的结构(集权式、松散式等),隶属关系明确(由政府直接领导、民间自主管理等),为达到农业推广的某种目的(非个人所能达到的组织目标等)而形成的机构(有固定运转形式)(高启杰,2008)。多元农业推广组织——行政型农业推广组织、教育型农业推广组织、科研型农业推广组织、企业型农业推广组织和自助型农业推广组织，不是孤立单一的自我运行，而是彼此之间相互作用，相互协调，相互合作。从长远来看，我国的农业推广需要建立一个符合中国国情、适应发展要求，在体系建设上充分发挥政府推广体系和非政府组织的作用，多体制、多机制、多功能的社会化的农业推广咨询服务体系（高启杰，2008）。由于农业科技成果的推广应用涉及范围广，服务对象多，推广内容杂，同时又受到人为因素、自然条件、经济状况等因素制约，因此，要把农业科技成果转化为现实生产力，绝不是一项简单的工作，而是一项较为复杂的、社会性较强的农技推广管理工作（石凯，2002）。通过各参与主体的协作，产生专门从事科技开发，技术信息服务，资金支持，新产品新技术宣传、推广、销售等配套服务，实现了农技推广全过程的社会分工，它有利于提高农业生产者的生产技艺水平；有利于提高农技推广配套服务水平；有利于实现农业技术进步和为高效农业的发展提供强有力的现代化技术保障（徐彬等，2008）。无论学界对农业推广组织进行如何划分，不可否认的是，建立多元农业推广体系已经得到了学术界的认同，多元推广主体参与到农业技术推广领域，对于满足农村、农业和农民的多样化技术需求具有重要作用。

对农业推广组织的分析表明，各类农业推广组织具有独自的边界。组织内部的系统因子很多，例如目标、人员、技术、设备、层级、制度等。组织内部的结构是指组织内部各系统因子之间的组合关系。就个别组织而言，组织运作范围以外的组织属于环境，因而某一推广组织与其他组织的关系属于组织与外部环境的关系。

然而现实中,组织之间常常因特殊的功能聚合需要而产生组织联结,这种组织联结关系因长期运作或受法规规范而形成制度化运作体系以后,就不能单纯应用组织和环境的关系来解释,而应当以组织聚合的结构观念来加以认定。组织聚合现象是指一些组织通过某些功能关系而联结的组织结构(高启杰等,2009)。多数农业推广组织都需要找到某些功能关系而与其他组织间构成不同的组织聚合,因此组织聚合是现代农业推广组织发展的基本特征。农业推广组织聚合的发展会因农业推广功能的差异而表现出不同的组织联结关系,例如农村信息传播的组织联结关系、农村人力资源开发的组织联结关系和福利资源传递服务的组织联结关系等。

本章参考文献

[1] Kirat T, Lung Y. Innovation and proximity: territories as loci of collective learning processes[J]. European Urban & Regional Studies, 1999,6(1):27-38.

[2] Torre A, Gilly J. P. On the analytical dimension of proximity dynamics[J]. Regional Studies, 2000,34(2): 169-180.

[3] 李琳,雒道政. 多维邻近性与创新:西方研究回顾与展望[J]. 经济地理,2013,33(6):1-7.

[4] Carrincazeaux C, Lung Y, Vicente J. The scientific trajectory of the French school of proximity: Interaction & Institution-Based approaches to regional innovation systems[J]. European planning Studies, 2008,16(5):617-628.

[5] Rallet A, Torre A. Is geographical proximity necessary in the innovation networks in the era of global economy? [J]. Geography Journal, 1999,49(4):373-380.

[6] Nesta L, Saviotti P. P. Coherence of the knowledge base and the firm's innovative performance: evidence from the U. S Pharmaceutical industry[J]. Journal of Industrial Economics, 2005,53(1):123-142.

[7] Carrincazeaux C, Lung Y, Rallet A. Proximity and localization of corporate R&D activities[J]. Research Policy, 2001,30(5): 777-789.

[8] Boschma R. A. Proximity and innovation: a critical assessment[J]. Regional Studies, 2005, 39(1):61-74.

[9] Moodysson J, Jonsson O. Knowledge collaboration and proximity: the spatial organization of biotech innovation projects[J]. European Urban and Regional Studies, 2007,14(2):115-131.

[10] Zeller C. North Atlantic Innovative relations of Swiss pharmaceuticals and the proximities with regional biotech arenas[J]. Economic Geography, 2004,80(1):83-111.

[11] Knoben J, Oerlemans L. A. G. Proximity and inter-organizational collaboration: a literature review[J]. International Journal of Management Reviews, 2006,6(2):71-89.

[12] 李琳,韩宝龙. 组织合作中的多维邻近性:西方文献评述与思考[J]. 社会科学家,2009(7):108-112.

[13] 李琳. 多维邻近性与产业集群创新[M]. 北京:北京大学出版社,2014.

[14] 王兴平,冯淼,顾惠. 城际创新联系的尺度差异特征分析:以长三

角核心区为例[J]. 东南大学学报:哲学社会科学版,2015,17(6):108-116.

[15] Ponds R, Oort F. V, Frenken K. The geographical and institutional proximity of research collaboration[J]. Papers in Regional Science, 2007,86(3):423-443.

[16] Teixeira A. A. C, Santos P, Brochado A. O. International R&D cooperation between low-tech SMEs: the role of cultural and geographical proximity[J]. European Planning Studies, 2008, 16(6):785-810.

[17] Balland P. A. Proximity and the evolution of collaboration networks: evidence from research and development projects within the Global Navigation Satellite System(GNSS) industry[J]. Regional Studies, 2012, 46(6):741-756.

[18] Cunningham S. W, Werker C. Proximity and collaboration in European nanotechnology[J]. Papers in Regional Science, 2012,91(4):723-742.

[19] Hewitt-Dundas N. The role of proximity in university-business cooperation for innovation[J]. Journal of Technology Transfer, 2013,38(2):1-23.

[20] Franco C, Marzucchi A, Montresor S. Absorptive capacity, proximity in cooperation and integration mechanisms: empirical evidence from CIS data[J]. Industry and Innovation, 2014, 21(4):332-357.

[21] Geldes C, Felzensztein C, Turkina E, et al. How does proximity affect interfirm marketing cooperation? A study of an agribusiness cluster [J]. Journal of Business Research, 2015,68(2): 263-272.

[22] Broekel T, Boschma R. Aviation, space or aerospace? Exploring

the knowledge networks of two industries in the Netherlands[J]. European Planning Studies, 2011,19(7):1205-1227.

[23] Gong Z. G. Proximity and innovation collaboration[C]. In: Zhang S, Zhang H. Advances in Management of Technology, PT1. MARRICKVILLE: AUSSINO ACAD PUBL HOUSE, 2008:30-36.

[24] 黎振强. 多维邻近性对创新绩效的影响效应分析[J]. 内蒙古社会科学:汉文版,2014,35(4):104-108.

[25] 毛崇峰,龚艳萍,周青. 组织间邻近性对技术标准合作绩效的影响研究——基于闪联的案例分析[J]. 科学管理研究,2012a,30(2):104-108.

[26] 毛崇峰,龚艳萍,周青. 认知邻近性对横向技术标准合作的影响研究[J]. 自然辩证法研究,2012b,28(9):45-49.

[27] 毛崇峰,龚艳萍,周青. 认知邻近性对纵向技术标准合作的作用分析[J]. 科技与管理,2012c,14(5):35-38.

[28] 侯琳,周青,毛崇峰. 制度邻近性对技术标准合作绩效的影响研究——基于闪联案例的分析[J]. 科学与管理,2012(2):35-39.

[29] 周青,侯琳,毛崇峰. 制度邻近性对高新技术企业合作创新的作用路径研究[J]. 科技进步与对策,2013,30(10):1-4.

[30] Hong W, Su Y. S. The effect of institutional proximity in non-local university-industry collaborations: an analysis based on Chinese patent data[J]. Research Policy, 2013,42(2):454-464.

[31] 曾德明,任浩,戴海闻,等. 组织邻近和组织背景对组织合作创新地理距离的影响[J]. 管理科学,2014,27(4):12-22.

[32] 黎振强,王英. 地理邻近性与认知邻近性对创新绩效的影响分析——基于知识获取的中小高新技术企业的实证研究[J]. 求是学刊,2015,

42(6):39-46.

[33] 罗必良. 经济组织的制度逻辑[M]. 太原：山西经济出版社，2000.

[34] 任强. 企业跨组织合作互动与合作创新绩效的关系研究[J]. 湖北文理学院学报，2012，33(8):69-72.

[35] Mcgee J. E, Dowling M. J, Megginson W. L. Cooperative strategy and 77 new venture performance: the role of business strategy and management experience[J]. Strategy Management Journal, 1995, 16(7): 565-580.

[36] Zollo M, Reuer J. J, Singh H. Intergenerational routines and performance in strategic alliances[J]. Organization Science, 2002, 13(6): 701-713.

[37] Ambrose M, Hess R. L, Ganesan S. The relationship between justice and attitudes: an examination of justice effects on event and system-related attitudes[J]. Organizational Behavior and Human Decision Processes, 2007, 103(1): 21-26.

[38] Anderson E. Two firms, one frontier: on assessing joint venture performance[J]. Sloan Management Review, 1990, 31(2): 19.

[39] Geringer J. M, Herbert L. Measuring performance of international joint ventures[J]. Journal of International Business Studies, 1991, 22(2): 249.

[40] 李随成，杨婷. 知识共享与组织学习对供应链企业间研发合作绩效的影响研究[J]. 科技进步与对策，2009，26(10):97-103.

[41] 李随成，杨婷. 研发合作企业间知识共享与合作绩效的关系[J]. 科技进步与对策，2007，24(10):180-184.

[42] 王浩,梁耀明. 产、学、研合作绩效评价研究综述[J]. 科技管理研究,2011,31(11):55-61.

[43] 潘文安,张红. 供应链伙伴间的信任、承诺对合作绩效的影响[J]. 心理科学,2006,29(6):1502-1506.

[44] 李玲. 技术创新网络中企业间依赖、企业开放度对合作绩效的影响[J]. 南开管理评论,2011,14(4):16-24.

[45] Rothwell R. Successful industrial innovation: critical factors of the 1990s[J]. R & D Management, 1992, 22(3): 221-239.

[46] Marxt C, Link P. Success factors for cooperative ventures in innovation and production systems[J]. International Journal of production Economics, 2002,77(3):219-229.

[47] Oliver C. Determinants of inter-organizational relationships: integration and future directions [J]. Academy of Management Review, 1990, 15(2): 241-265.

[48] Liu T. L,Shou I. Enhancement of customer network relationship via governance mechanism of inter-organizational core resource and core knowledge strategic alliance[J]. The Journal of American Academy of Business. Cambridge,2004,5(1/2):220-229.

[49] Giuliania E, Morrison A, Pietrobelli C, et al. Who are the researchers that are collaborating with industry? An analysis of the wine sectors in Chile, South Africa and Italy[J]. Research Policy, 2010,39(6): 748-761.

[50] Sugandhavanija P, Sukchai S, Ketjoy N, et al. Determination of effective university industry joint research for Photovoltaic technology

transfer (UIJRPTT) In Thailand [J]. Renewable Energy, 2011,36(2), 600-607.

[51] 张昌松,鲁若愚,阎虹,等. 大学-企业合作创新选择因素分析[J]. 软科学,2002,16(1):85-88.

[52] 朱铭. 基于相对闲置资源的企业合作创新项目绩效影响因素分析[D]. 杭州:浙江大学,2006.

[53] 林庆藩,余建辉. 农业企业特征对校企技术合作绩效的影响研究[J]. 福建农林大学学报:哲学社会科学版,2012,15(6):45-49.

[54] 申红芳,王志刚,王磊. 基层农业技术推广人员的考核激励机制与其推广行为和推广绩效——基于全国14个省42个县的数据[J]. 中国农村观察,2012(1):65-79.

[55] 廖西元,申红芳,朱述斌,等. 中国农业技术推广管理体制与运行机制对推广行为和绩效影响的实证——基于中国14省42县的数据[J]. 中国科技论坛,2012(8):131-138.

[56] 杨雷. 跨组织合作中知识流的速率与合作绩效研究[D]. 成都:西南财经大学,2011.

[57] 林盛杰,张家皋. 谈"产、学、研合作"质量评估体系的建立[J]. 宁波大学学报:教育科学版,2000,22(5):28-31.

[58] 曹静,范德成,唐小旭. 产、学、研结合技术创新绩效评价研究[J]. 科技进步与对策,2010,27(7): 114-119.

[59] 徐彬,段晓明. 农业科技成果推广绩效实证研究[J]. 西南农业学报,2011,24(3):1188-1190.

[60] 李新荣. 基于集对分析的高校产、学、研合作项目绩效评价方法与模型研究[J]. 科技管理研究,2013,33(2):85-88.

［61］叶选挺，刘云，王文平．基于知识生产函数的国际科技合作计划项目绩效评价研究［J］．兵工学报，2009，30(S1)：51-55．

［62］谢志宇．产、学合作绩效影响因素研究［D］．杭州：浙江大学，2004．

［63］张淑云．多元化农业推广组织协同运行机制研究［D］．保定：河北农业大学，2011．

［64］Rothaermel F，Deeds D. L. Exploration and exploitation alliances in biotechnology：a system of new product development［J］. Strategic Management Journal，2004，25(3)：201-221．

［65］刘衡．合作双元性与组织间合作绩效的关系研究：以公平感知为调节变量［D］．西安：西安交通大学，2011．

［66］March J. G. Exploration and exploitation in organizational learning［J］. Organization Science，1991，2(1)：71-87．

［67］罗定提．企业间合作关系理论研究现状［J］．株洲工学院学报，2005，19(1)：1-7．

［68］Nohria N，Garcia-Pont C. Global strategic linkages and industry structure［J］. Strategic Management Journal，1991，12(4)：105．

［69］Osborn R. N，Hagedoorn J. The institutionalization and evolutionary dynamics of international alliances and networks［J］. Academy of Management Journal，1997，40(2)：261-278．

［70］Williamson O. E. Markets and hierarchies：analysis and antitrust implications［M］. New York：Free Press，1975．

［71］Williamson O. E. The economic institutions of capitalism［M］. New York：Free Press，1985．

［72］Williamson O. E. Comparative economic organization：the analysis of discrete structural alternatives[J]. Administrative Science Quarterly, 1991,36(2): 269-296.

[73] Ring P. S, Van de ven A. H. Structuring cooperative relationship between organizations[J]. Strategic Management Journal, 1992,13(7): 483-498.

[74] Kogut B. Joint Venture: theoretical and empirical perspectives [J]. Strategic Management Journal, 1988(9):319-332.

[75] Hennart J. F. A transaction costs theory of equity Joint Ventures[J]. Strategic Management Journal, 1998,9(4):361-374.

[76] Wernerfelt B. A resource-based view of the firm[J]. Strategic Management Journal, 1984,5(5):171-180.

[77] Dyer J. H. Specialized supplier networks as a source of competitive advantage: evidence from the auto industry[J]. Strategic Management Journal, 1996, 17(4): 271-291.

[78] Dyer J. H. Effective inter-firm collaboration: how firms minimize transaction costs and maximize transaction value[J]. Strategic Management Journal, 1997,18(7):535-556.

[79] Sampson R. C. Organizational choice in R & D alliances: knowledge-based and transaction cost perspectives[J]. Managerial and Decision Economics, 2004,25(25):421-436.

[80] 罗珉,王雎. 组织间关系的拓展与演进:基于组织间知识互动的研究[J]. 中国工业经济,2008(1):40-49.

[81] Blau P. M. Exchange and power in social life[M]. New York: John Wiley & Sons,Inc,1964.

[82] Gulati R, Gargiulo M. Where do inter-organizational networks come from? [J]. American Journal of Sociology, 1999, 104 (5): 1439-1493.

[83] Dyer J. H, Nobeoka K. Creating and managing a high-performance knowledge-sharing network: the Toyota case[J]. Strategic Management Journal,2000,21(3):345-367.

[84] 高启杰.农业推广理论与实践[M]. 北京:中国农业大学出版社,2008.

[85] 石凯.浅谈农业科技成果的合作推广[J]. 四川农业科技,2002(11):8-9.

[86] 徐彬,里昕,揭筱纹.农业科技成果推广多链联动新模式探讨[J]. 甘肃农业,2008(9):41-43.

[87] 高启杰,等. 农业推广组织创新研究[M]. 北京:社会科学文献出版社,2009.

第三章　我国多元农业推广的发展实践

3.1　我国多元农业推广组织的特征及合作动机分析

3.1.1　我国多元农业推广组织的特征分析

从我国农业推广发展的实践来看，目前影响最大的农业推广组织主要有5种类型，即行政型农业推广组织、教育型农业推广组织、科研型农业推广组织、企业型农业推广组织和自助型农业推广组织（高启杰，1997，2009），故本小节主要针对这5种类型农业推广组织的核心特征进行分析。

3.1.1.1　行政型农业推广组织

行政型农业推广组织主要是指那些政府设置的农业推广机构，其服务对象和组织目标定位广泛，涉及全民的政治、经济、社会利益等。在大部分发展中国家，农业推广服务组织主要是政府机构，其组织结构与一般的政府工作体系相仿，常依行政区划而产生上下级行政组织。目前为止，我国已经形成了中央、省、市、区（县）、乡（镇）五级农业推广机构体系。

在我国农业推广的实践中，行政型农业推广组织具有以下较为明显的特征：①政府主导。各级农技推广机构基本上由各级政府领导、相关农业行政部门分管，政府统筹管理农技推广机构的人、财、物资源，各级农技推广机构的人员编制、经费开支以及主要推广业务均隶属于各级农业主管部门，故推广工作多受到行政干预，具有浓厚的行政色彩。②农技推广机构按农业、畜牧、水产、农机、林业、水利等分别组成相应的专业技术推广中心（站），并相对自成体系，自上而下垂直式管理，组织间的横向联系较少。③大多数农业推广计划采用自上而下的项目方式开展，乡级以上的农技推广机构较为健全，大部分村级不存在农技推广组织。④以公益性推广服务为主要职能。⑤农技推广人员兼具行政和教育工作的双重角色，且工作方式更偏重于技术创新的单向传递。

由于行政性农业推广组织隶属于政府行政体系，因此自然地存在着管理体制僵化、运行机制低效等缺陷。具体而言，首先，自上而下的政策制定机制，一方面使得农户难以参与项目制定，以致推广工作缺乏对具体情况的实际调查，使农户需求经常被忽视；另一方面越是上层行政组织，其知识性、技术性越明显，越偏重农业推广政策与计划制订，这便在客观上形成了计划工作与管理工作以及执行工作之间的错位与三者如何能形成一致性的问题（高启杰等,2009)。其次,由于政府对农技推广机构的人、财、物进行统筹管理,这种自上而下的资源分配机制,使得越接近基层,越容易出现人员素质水平低下、推广经费短缺、推广物资匮乏、推广队伍不稳定等问题。最后,行政型推广组织中的农技推广人员所扮演的双重角色间冲突较为明显,一方面,其工作时间很大一部分为繁琐的行政事务所占用,真正的推广教育角色被压缩;另一方面,推广人员在推广新技术时往往会带有行政干预的色彩,忽视对农民进行不同形式的推广教育。此外,刘光哲(2012)还指出,行政区划与自然生态区域不一致,使得行政型推广组织存在着许多推广资源重复浪费问题。

3.1.1.2 教育型农业推广组织

教育型农业推广组织主要包括农业高等院校以及农业中等职业学校所设置的农业推广机构,包括专门从事农业推广、咨询和教育培训的机构以及从事农业研发兼推广活动的研究中心(所)和实验站等。近年来出现的各种专家大院、科技小院、教授工作站等都属于这类组织,其主要工作是开展农业研发和推广教育。

在我国农业推广的实践中,教育型农业推广组织具有以下较为明显的特征:①兼具教学、科研、推广三重角色于一身,既是我国农业科技成果的产生源,又是人才培养源,同时还是农业信息传播源。因此教育型农业推广组织既可以研发并提供一定的新知识、新技术和新成果,又可以为农业研究与推广培养大批人才,还可以发挥教学基地的示范带动作用,将专业研究成果与信息传播给社会大众以便其学习和使用。相应地,教师也具有多重角色——既是推广人员又是教育人员甚至还是科研人员。②组织核心目标在于促进科技成果转化和农村成人教育发展。③以学校内农业研究成果为基础,该类型组织主要从事知识性技术推广,且推广方式以教育和咨询为主。④推广队伍规模小,工作效率高,相应的国家财政支出少,也使得推广规模远小于行政型农业推广组织。

对于教育型农业推广组织而言,首先,最根本的问题在于其在农业推广体系中的定位与角色较为模糊,国家的相关法律政策多以鼓励参与为主,这就使得在教育型推广组织中推广相较于教育和科研仍处于从属地位,推广的内在与外在动力均处于较弱水平。其次,由于教育型推广组织主要从事知识性技术推广,这就需要以较大规模生产和较高的国民科学文化素质为前提,否则很容易出现理论脱离实践的状况,造成推广效果不佳。最后,该类型组织单独承担的推广服务多为产中的技术服务,一方面脱离了产前的信息服务和产后的经营服务,很难满足农户的整体需求;另一方面当所承担的特定推广任务完成后,难以进一步跟踪处理各种后续事宜,技术支持的持续性差也使得推广效果大打折扣。

3.1.1.3 科研型农业推广组织

科研型农业推广组织是指科研机构所专门设置的农业推广组织,以农民、园区和涉农企业为主要推广对象,主要包括中国农业科学院、各直辖市或省(自治区)的农业科学院以及各地市的农业科学研究院(所)等农业科研机构设置的研发与推广组织。

在我国农业推广的实践中,科研型农业推广组织具有以下较为明显的特征:①核心职责在于从事农业技术的研究和开发,同时也承担着农业技术推广、农业教育和人才培养等重要角色。②科研型农业推广组织的结构向外扩散,组织权力分散,其决策一般采用上下联合商谈的方式,故推广的内容利于双向沟通。③科研与推广工作往往以项目为导向,故组织内部一般以项目活动的类别来划分具体的工作单位,这也使得每一工作单位存在着很大不确定性。此外,工作人员之间也多以技术专长进行区分,其地位网络亦不确定。

在科研机构体制改革的背景下,现今许多科研院所纷纷改制,成立农业科技企业,推广方式日益灵活,机构设置也逐渐分化为营利性和非营利性,因此科研型农业推广组织绩效也分别以推广效益和科研成果来衡量(高启杰,2008)。在这种背景下,科研型农业推广组织依然存在着诸多问题与缺陷:首先,科研与推广的职能定位仍然混淆不清。在组织内部普遍存在重科研、轻推广的倾向,因此许多科技成果转化率很低。其次,从科研角度出发,该类型推广组织的科研活动主要是以申请和完成项目为导向的,而非以市场为导向的,因而无法更进一步地贴近用户的需求。最后,组织内部管理体制、运行机制等较为僵化,尤其是在绩效考核、晋升机制方面无法对内部从事科研、推广的两类人员形成区别化的有效激励,从事推广工作的内驱力不足。

3.1.1.4 企业型农业推广组织

企业型农业推广组织主要是指涉农企业设置的农业研发与推广机构，多以实体形式出现，其工作目标主要是为了增加企业的经济利益，服务对象是其产品的消费者或原料的提供者，主要侧重于特定专业化农场或农民（高启杰等，2009）。

在我国农业推广的实践中，企业型农业推广组织具有以下较为明显的特征：①企业型农业推广组织是企业的一个部门机构，组织地位网络较为明确，采用自上而下的控制方式，权力集中度较高。②推广的内容与推广的方法多由企业组织决定，常限于单项商品生产技术，且以产品营销方式为主，相应的公共服务职责范围也仅限于其产品消费者，公益性弱，风险性大。③推广中大多采用配套技术推广方式，即推广中不仅采用教育的方法来实现农民经营技术的改变，而且也采用资源传递的服务方法来为农民提供各类生产物质资料或资金，使其生产经营条件也可以得到较快改进。④组织内推广人员所扮演的角色随企业发展政策的变化而调整，且推广人员的聘用与推广经费的预算都较具弹性，并与企业经营目标与经营状况挂钩。

对于企业型农业推广组织来讲，其敏锐的感知市场变化能力、规范化的提供技术服务能力等相对于行政型、教育型、科研型农业推广组织来说优势明显，其推广服务对象也能获得较为显著的技术改变效果，但这种效果是以有利于企业组织经营目标的实现为前提的，故其较少考虑到农民的实际需要，很有可能产生组织目标与农民利益之间的矛盾(高启杰,2008)。在力量不对等的局面下,占据关系主导地位的企业很容易做出转嫁风险的举动,使农民利益受损。

3.1.1.5 自助型农业推广组织

自助型农业推广组织主要是指基于会员合作行动而形成的组织机构,以农民所形成的农业专业合作组织最具代表性。该类型组织的推广对象一般是参与合作组织的成员及其家庭人口。

自助型农业推广组织主要具有以下特征:①组织工作目标是提高农业合作组织内部成员的生活福利。②在组织结构上,全体成员共同参与控制,权力集中度偏低。决策时,可广泛吸纳成员的意见。③在组织规模方面,自助型农业推广组织通常是农业合作组织的部分单位,其规模会受到组织经营活动状况的制约,从总体上看,大多数规模较小。④在组织资源与表现上,该类型组织开展农业推广工作的资源主要依赖于农业合作组织的自有经费,故组织自然地对全体成员负责。⑤组织推广内容(一般偏重于社会经济性)的确定一般基于组织成员的生产与生活需要以及组织业务的发展状况,并采用由下而上的方式来制订农业推广计划。⑥推广服务形式主要包括组织辅导和资源传递两种,从总体上讲组织以推广可操作性技术为主,但在进行资源传递服务时,其技术特征则以实物性技术为主(高启杰等,2009)。⑦推广方法更偏重于团体方法。同时农业推广人员具有多重任务,不仅要促使农民知识技能和行为的改变,而且还要努力实现农业合作组织从农业推广工作中获利。

虽然自助型农业推广组织在技术扩散通畅性、表达技术诉求方面优势明显，但是其存在着诸多无法忽视的问题：从人力资源角度看，合作组织带头人通常以谋求私利为技术推广的出发点，使得合作紧密性不强，乐于奉献、具有公益性、合作性精神的人员稀缺；从财力、物力资源角度看，我国目前该类型组织尚处于初步发展阶段，经济实力较弱，组织数量少、合作领域狭窄、服务内容单一、技术资源支撑能力差等现状使得推广覆盖率不高，推广效果较为有限；从组织运行角度看，组织运营机制（包括财务管理机制、民主管理机制、监督机制等）的不健全使得组织发展混乱，组织与农户间的利益联结机制脆弱，无法实现其设想的"利益共享、风险共担"的目标；从推广的内容看，所推广的多为低层次的常规技术，且集中于产前的良种、化肥、农药等物化技术的提供，相关产前信息服务、产中技术指导以及产后经营服务不足。在这种局面下，极为容易出现农业生产地区间的同构性（技术内容、品种结构等方面存在的雷同现象），导致农产品低档次、低水平的结构过剩以及雷同技术资源的过度竞争。

总体来讲，这 5 种类型的组织在组织结构、组织功能、组织目标、经费来源、组织规模、推广对象、推广内容、绩效评价指标上都存在显著差异。虽然只用这些特征指标并不全面，但是也能基本反映出不同类型农业推广组织的各自特征与差异，具体如表 3-1 所示。

表 3-1　多元农业推广组织主体特征差异

	结构	功能	目标	经费来源	规模	推广对象	推广内容	绩效评价
行政型	垂直型、部门化、自上而下	宣传、管理、技术推广与服务、执法与监督等	农业、农村发展，农民收入提高	政府财政	大	广泛（农业合作组织、农业企业、农民等）	知识性技术、操作性技术	农村的社会经济效益
教育型	权力分散、壳层结构①	农业推广教育和农业科研	成果转化与农村成人教育	农业教育经费	中等	农民为主	知识性技术	教育成果
科研型	向外扩散，权利分散	农业基础研究和应用研究；农业教育、人才培养和技术推广	农业技术进步	项目经费为主	中等偏小	农民和涉农企业为主	知识性技术为主，操作性技术为辅	推广效益、科研成果
企业型	集权程度高，自上而下	技术开发、推广应用、产品生产、加工、销售	企业盈利	企业自创经费	中等规模	产品的消费或原料提供者	实物性、操作性技术	企业经营业绩
自助型	权力分散，全体成员参与	满足组织成员的生产和生活需求	成员的生活福利增进	自有经费为主	多数规模较小	参与合作组织的成员及其家庭成员	社会经济性的可操作性技术	合作效益

资料来源：高启杰，等. 农业推广组织创新研究[M]. 北京：社会科学文献出版社，2009.

3.1.2　我国多元农业推广组织合作动机分析

通过上述分析可以得知，不同的农业推广组织之间存在显著差异，正是因为各组织间不同的资源优势和劣势，才能更进一步地

① 注：未来教育型农业推广组织将形成以农业大学为核心，以其组织的孵化和服务为中间层，以组织领导协调及环境控制为外围的内部组织结构，即壳层结构。

促成彼此配合，资源互补，多元合作农业推广发展的新局面。具体来讲，政府农业技术推广体系具有强大的宏观组织调控能力、雄厚的财政资金和系统的农技推广队伍，可以为合作推广提供宽松的政策环境，并承担一定的技术合作创新和推广的风险；教育型和科研型推广组织集产、学、研于一身，在人力资源、技术设备和技术开发能力上具有较强优势，可以形成促进农业技术创新和合作推广的强大推动力（齐晓辉，李强，2011）；企业型农业推广组织的市场感觉敏锐，可以围绕自身的核心技术打造出完善的技术服务统一规范，便于以市场为导向开展合作创新与推广活动；自助型农业推广组织的优势则在于可以基于自愿结合原则将分散的农户集中起来，一方面可直观反映农民需求，直面市场，实现利益共享；另一方面其内部较高水平的相互信任度，更加利于技术传播，降低推广成本。在这种背景下，为了更好地发挥组织优势，扬长避短，潜在的不同动力要素相互联系、相互作用，进而促成了合作农业推广的产生与发展。例如，农业科研基础是由政府与科研机构或教育机构的相互合作形成的；农业科研机构、教育机构与农业企业（或合作社）密切合作，通过将技术成果应用于农业企业（或合作社）的方式，可以形成新的生产力，并给农业企业（或合作社）带来较好收益；政府主要通过制定相关创新政策和创造宽松的环境，刺激各类创新主体的供给与需求。

合作农业推广是一个由多要素、多主体构成的宏观系统，系统中各子系统及其构成要素，通过线性、非线性的相互作用，实现要素间的跨边界流动，进而不断推动合作的产生与发展。基于我国农业推广发展的实践,本研究将合作农业推广的动力来源分为以下 4 个方面。

(1)利益驱动。如表 3-2 所示,不同推广组织都有其自身的利益需求,不断追求自身的经济、社会利益是其开展合作推广活动的核心动力。例如,农业企业与科研单位的联合,前者在经营过程中寻求科研机构的新技术、新成果,以保证生产经营和推广工作的先进性,从而获取较高的经济收益;后者则提高了其科技成果转化率,以及本组织的知名度,满足了合作双方的共同利益需求。

表 3-2　合作农业推广中各主体的利益需求及目标

主 体	利益需求	追求目标
行政型	完成上级的推广任务安排;保证当地农业高产高效,实现当地经济社会稳定发展;提高工作部门绩效	实现农村经济效益、社会效益和生态效益;最大化的组织绩效
科研型	深化农业基础和应用研究,增加科技成果研发数量;提高科技成果的转化率,实现科技成果的经济、社会效益;推动农业教育与人才培养	实现组织利益最大化;推动农业科研水平与技术水平的提高
教育型	获取更多的农业科研项目经费,增强学科实力;为农业研究与推广培养更多的科技人才,促进农村成人教育发展;提高研发成果的质量和转化率,缩短教学与实践的差距;更好地发挥示范带动作用,提高学校声誉和社会影响力	组织利益最大化;促进农业教育的发展;推动农业科研水平的提高
企业型	扩大市场占有率,实现企业盈利;企业长远的生存与发展,如扩大企业规模,提高企业声誉和社会影响力等	企业利润最大化
自助型	增强与政府、市场组织等的对话能力;提供专业技术知识支持,以更好地满足会员的生产与生活需求;通过组织化来降低生产或流通成本,增加会员经济收益	增进合作组织成员的生活福利,实现集体利益最大化

资料来源:高启杰,姚云浩,马力. 多元农业技术推广组织合作的动力机制. 华南农业大学学报:社会科学版,2015,14(1):1-7.

(2)技术带动。一方面,科学技术的发展推动着潜在的新技术发明不断转化为现实生产力,当农业教育、科研机构研发出农业技术创新成果,并结合市场最新的技术需求,源源不断地转化为现实生产力时,其他类型组织为紧跟农业技术发展的脚步、享受技术进步带来的成果,自然地就会受到技术牵引而走向合作;另一方面,围绕着某些已形成的科学技术成果,其相关的配套设施研发、技术升级研发等流程环节也会带动链条中相关利益组织走向合作。

(3)政府推动。政府有关农业推广的政策法规出台、财政金融支持、推广项目计划制订、中介机构培育、舆论媒体宣传以及其他政策措施,都能够对推广组织合作提供强大的推动力,这也是合作推广实现的重要外部保障。

(4)市场拉动。满足用户对农业推广物品与服务不断变化的需求,是组织合作推广的重要目标以及获取自身利益的保证。当前,用户对多样、优质、及时的推广物品与服务的潜在需求不断增长,这就要求各类型农业推广组织必须具备及时响应用户多元需求的灵敏性、柔性以及创新性,而做到这一点对于大部分组织来讲仅凭自身的力量是远远不够的,市场要素在很大程度上拉动了各类农业推广组织走向合作。

3.2 我国多元合作农业推广的主要模式分析

所谓多元合作农业推广,就是指行政型农业推广组织、教育型农业推广组织、科研型农业推广组织、企业型农业推广组织和自助型农业推广组织之间相互联合,在农业创新形成与扩散的过程中相互间形成的彼此信任、长期合作、互利互动,并不断改进和优化的合作关系网络。目前世界上效率最高的、运行最成功的合作农业推广体系要属美国"三位一体"的合作农业推广(高启杰,2013)。1914 年通过的《史密斯-利弗法》是完整奠定美国农业推广工作的基石。依此法案的规定,农业推广工作由联邦、州及地方政府共同合作办理,由赠地大学负责执行和评估各项工作计划,在美国人民中间传播与农业、家政等问题有关的实用信息,并鼓励人民将这些信息应用于农业生产和经营过程。美国各州推广的组织结构、人事和经费使用虽不一致,但其工作哲学及内容则各州相似。合作推广的基本思想是"通过把大学带给人民而实现帮助人民自助的目标",数十年来一直保持其民主、合作、民众参与等主要的工作原则(高启杰,2004)。这种合作一方面体现在推广体系内部各级,即联邦、州、县与志愿人员在人力、项目活动及经费上的合作;另一方面体现在推广组织机构与人员之间合作共同服务于用户。

鼓励多元合作农业推广的发展,有着十分重要的价值。第一,有利于整合科技资源,提高农业科技成果转化率。推广主体多元化是市场经济发展的内在要求,它促成了合作竞争,提高了农业推广效率,将有利于解决农业科研、农业教育和农业技术推广相互脱节的问题,形成三者之间的良性循环关系,及时解决现代农业和社会主义新农村建设中的现实困难,更好地实现农业增效、农民增收和农村经济发展。第二,有利于科研创新和人才培养。一方面,农业科研单位每年都会产生一大批科研成果,通过科技人员直接参与农技推广，有效缩短了科技成果的推广周期以及反馈时间，科研人员可以获得更多的新信息，不断开拓新的研究领域，研制出符合现代农业发展需要的先进适用技术，形成科研成果迅速转化为现实生产力的良性循环。另一方面，农业教育单位通过直接参与科技示范推广工作，可以提高教师和学生的动手能力，增强对现代农业的感性认识，有效地克服脱离实践搞教学的弊端，也有利于理论联系实践，从生产实践中汲取知识，不断充实和更新教学内容，提升教学水平和质量。第三，有利于履行法律赋予的职责。《中华人民共和国农业技术推广法》对此有明确的界定，规定“农业技术推广，实行农业技术推广机构与农业科研单位、有关学校以及群众性科技组织、农民技术人员相结合的推广体系。国家鼓励和支持供销合作社、其他企业事业单位、社会团体以及社会各界的科技人员，到农村开展农业技术推广服务活动”。第四，有利于进一步优化我国的农业推广体系。推广主体多元化符合各地区经济发展不平衡状况。在我国经济发展水平低的中西部地区，政府推广组织几乎承担了全部推广任务，而在经济发展水平高的东南部沿海地区，各种农民专业合作经济组织以及为取得经济效益而推广的企业正在日益发展壮大。从国外推广经验来看，农业推广已形成大学、企业、各种农民专业合作经济组织以及政府推广组织等并重的多元化局面。可以说，在计划经济向市场经济过渡的过程中，多元化农业推广是体制创新、管理创新和产业发展的必然选择，是市场经济下我国农业战略的有益变革(张淑云，2011)。

同美国合作农业推广体系相比，我国农业推广组织才初步形成多元化的雏形,各类型农业推广组织间缺乏应有的沟通与互动,尚未形成有效的组织聚合。在这种背景下,本研究主要根据合作主体的类型以及合作紧密程度两方面,对我国农业推广中组织间的合作模式进行分析。

在现阶段我国农业推广的实践中,按照合作主体的类型划分,多元合作农业推广的模式主要包括:

(1)以政府部门为主体的合作农业推广。政府农业推广部门实现了与其他多元推广组织协同机制的创新:①通过项目申报或招标等方式,加强与科研单位和大专院校的合作,充分利用其技术和智力优势,快速解决生产中的技术难题;②通过优惠政策支持与扩大社会影响等方式,加强与农民合作组织和协会的合作,利用他们对技术的需求相对集中、成员之间联系密切、覆盖范围大、传播速度快等优势,有针对性地开展技术推广,降低成本,提高推广的效果;③通过“政府搭台,企业唱戏”等方式以及建立起产品市场准入制度,加强与涉农企业、农资经销商的合作,充分发挥其农资与农技捆绑式服务优势,在扩大企业知名度同时,加大对其监督力度,从而提高了科技成果推广转化率,切实保障了农民的利益(张淑云,2011)。

(2)以高校为主体的合作农业推广。大学农业推广以建立农业科技示范基地为主体,以信息咨询服务网络和农业科技培训体系为科技推广平台,以科技示范户、农村经济合作组织和龙头企业为结合点,带动、组织农民开展农业产业化经营,从而实现农业发展、农民增收、农村经济繁荣的目标(李华,2006)。这种推广模式以非营利性服务为主，其推广服务方式主要有以下几种：①与地方政府或农村合作组织、农协通过合同协议方式，建立比较稳固的关系，进行技术成果转化、技术承包、技术开发、科技示范等活动；②直接将农业应用技术研究中的科技成果物化为实物，通过科技市场流通过程，运用价值规律和市场调节机制，使农业科技成果从大专院校进入农户；③与产业主体企业进行联合，解决理论和关键技术问题。在经费来源上，大学农业推广存在着多种途径，既包括政府拨款、从国家及地方科技管理部门、农业部门、教育系统等争取推广项目而得到支持等，也包括单位自筹资金、科技贷款、协作单位出资等（周腰华、姚园媛，2008）。

（3）以科研院所为主体的合作农业推广。农业科研和教育单位是科技成果的创造者，也是当前农业技术推广战线上的主力军，其为将自己的科研成果尽快转化为现实的生产力，主动投身到农业生产第一线，通过有偿服务和无偿服务的方式推广农业新成果、新技术，为农村经济发展做出重要贡献。主要形式包括：①与地方政府或农村合作经济组织通过合同方式，建立比较稳固的利益关系，进行成果转让、技术承包、技术开发、科技示范等活动；与涉农企业联合，解决理论和关键技术问题。②建立农业新技术、新成果示范基地、科技示范园区等。③选派科技特派员和科技副县、乡长等。

（4）以企业为主体的合作农业推广。涉农企业主要包括以农产品为加工原料的企业及生产经营生产资料的企业，前者通过“龙头企业＋（基地/协会）＋农户”的产业化经营模式，根据市场需求动态进行新技术、新品种的引进和推广,后者为了推销自己的产品并增加利润而为农民进行配套的技术推广。企业主导型农业推广模式中的企业一般以大型农业企业为龙头,采用股份合作制等形式吸纳农村专业组织、中小型企业和教育与科研单位加入,形成大型农业集团公司(如广东温氏集团等),其主要通过资金投入和科研机构参与等形式对农业新技术的研究与开发方向进行引导与控制,以便开发出自己原有技术水平不足以完成,同时又是市场所需求的产品(何旭,2009)。

(5)以农民合作经济组织为主体的合作农业推广。新型农民合作经济组织是以家庭承包经营为基础,以农民为主体,吸收部分科技人员作顾问,以农民技术人员为骨干,以加强与农业科研单位和农业教育单位的联系,主动寻求、积极采用新技术、新品种,谋求高收益的经营组织,是农业技术推广的骨干力量。其一方面从国家有关部门实施的专项推广项目中以及政府农业技术推广机构那里获得公益性服务;另一方面从农业科研、教育单位获得人才和技术支持。

此外,当引入合作的具体方式时,还可以按照合作的紧密程度划分,将多元合作农业推广的模式划分为低度合作、中低度合作、中度合作、中高度合作和高度合作 5 类,具体的模式分类见表 3-3。

表 3-3　合作农业推广模式划分

合作模式	具体内容
低度合作	技术转让、技术咨询、委托开发、人才培养与交流、品种/技术推广试验示范等具体短期市场合作方式,合作随着市场契约的履行而终结
中低度合作	低度合作中任意两项及以上的组合

续表 3-3

合作模式	具体内容
中度合作	技术入股、联合攻关、联合推广（项目）等形式，各方通过签订正式协定建立合作关系，确保长久地互相协作和资源整合
中高度合作	共建基地、共建实体等较高程度合作形式；或中度合作与任意其他中低项合作的组合
高度合作	内部一体化，如企业型推广组织建立自己的研发中心，两个或两个以上推广单位整合为一个规模更大的一体化组织等，它是推广组织合作的高级层次

资料来源：高启杰，姚云浩，董杲. 合作农业推广模式选择的影响因素分析——基于组织邻近性的视角. 农业经济问题，2015(3)：47-53.

本章参考文献

[1] 高启杰. 现代农业推广学[M]. 北京：中国科学技术出版社，1997.

[2] 高启杰，等. 农业推广组织创新研究[M]. 北京：社会科学文献出版社，2009.

[3] 高启杰. 农业推广学[M]. 2 版. 北京：中国农业大学出版社，2008.

[4] 齐晓辉，李强. 我国可持续农业技术创新动力机制问题研究——以新疆生产建设兵团为例[J]. 科技进步与对策，2011，28(10)：57-61.

[5] 高启杰，姚云浩，马力. 多元农业技术推广组织合作的动力机制[J]. 华南农业大学学报：社会科学版，2015，14(1)：1-7.

[6] 高启杰. 美国特色的合作推广服务探析[J]. 古今农业，2013(4)：51-60.

[7] 高启杰. 农业技术创新：理论、模式与制度[M]. 贵阳：贵州科技出版社，2004.

[8] 张淑云. 多元化农业推广组织协同运行机制研究[D]. 保定：河北农业大学，2011.

[9] 李华. 探索以大学为依托的现代农业科技推广新模式[J]. 中国高等教育,2006(7):32-34.

[10] 周腰华,姚园媛. 我国农业技术推广创新体系建设研究探讨[J]. 农业经济,2008(1):91-92.

[11] 何旭. 企业主导型农业推广模式研究[D]. 长沙:湖南农业大学,2009.

[12] 高启杰,姚云浩,董杲. 合作农业推广模式选择的影响因素分析——基于组织邻近性的视角[J]. 农业经济问题,2015(3):47-53.

第四章 合作农业推广中组织间邻近性的维度分析

合作农业推广形成了一个由不同类型农业推广组织组成的网络，在这个网络中，不同的组织有着不同的利益诉求和愿景，经济因素、价值观念、文化、制度规范、技术要素等都融于组织的行为之中，这个合作网络在形成和建构的过程中实际上也就是不同类型组织间在横向和纵向合作交互的结果。因此本章首先分析组织间哪些维度的邻近性要素与农业推广横向合作和纵向合作存在着密切的关系，并在此基础上进一步界定多元农业推广中组织邻近性的内涵与维度。

4.1 组织间多维邻近性与农业推广组织合作的关系分析

自 20 世纪 90 年代以来，研究邻近性与组织合作创新、产业集聚等的关系已成为区域经济学、创新经济学关注的焦点。这一概念最初被使用时主要指代主体间的地理邻近性，即各主体在空间上的接近程度。然而随着信息化(减少了空间邻近性的影响)和全球化(增加了非空间邻近性问题)的深入,大多数学者逐渐认可邻近性具有多维性这一观点。但是国内外有关邻近性的研究尚处于起步和探索阶段,关于邻近性的内涵、维度划分等仍存在着很大争议。在这里,本研究将合作农业推广中各类组织间的邻近性界定为在一定的合作网络中具有不同资源的主体(包括政府推广机构、企业、科研院所、大专院校等)在交互行动的推广实践中所具有的共性的"类"或"群"的特征。

通过梳理邻近性相关的国内外文献,可以发现出现频率较高的邻近性维度主要包括地理邻近性、组织邻近性、制度邻近性、文化邻近性、社会邻近性(关系邻近性)、认知邻近性和技术邻近性,其中地理邻近性出现的频率最高。与此同时,学者们对于邻近性的考察也大多是从两个视角出发,即一般层面和二元关系层面(Knoben & Oerlemans,2006)。在一般层面,邻近性是指在一个空间网络内各主体所具有的"类""群"特征;在二元关系层面,则聚焦于两个主体或区域之间具体的特征相似性程度。根据 Knoben & Oerlemans(2006)的综述研究成果,表 4-1 列出了以上多维邻近性在两个不同分析层面的内涵。

在合作农业推广中,多元农业推广组织间的合作关系与组织间的邻近性存在着相互影响、协同发展的关系。各类组织在进行推广合作之前所固有的邻近性影响着农业推广合作关系的形成,而当多元农业推广组织间合作关系形成之后,组织间的邻近性也会随着合作进程发生相应的改变。在推广合作的全过程中,影响合作进程的邻近性维度较多,本研究根据多元农业推广组织间合作关系形式的不同，将会分别讨论多元农业推广组织间邻近性与创新产生、扩散与采用纵向合作的关系，以及多元农业推广组织间邻近性与横向合作的关系。

表 4-1　多维邻近性两大分析层面

多维邻近性	一般层面	二元关系层面
地理邻近性	主体附近的集聚	两主体间的空间距离
组织邻近性	同一网络中是否结构等值或结构相近	主体间组织结构的相近程度
认知邻近性	是否属于同一“实践社群”（“圈子”）	两主体的认知距离相近程度
文化邻近性	主体所处区域文化的相似性	两主体间（组织）文化的相似程度
制度邻近性	国家间制度的异同	两主体间（组织）制度的相似程度
社会（关系）邻近性	是否属于同一“实践社群”	两主体与第三方组织在社会关系上的相似
技术邻近性	主体吸收外部知识、技术的能力	两主体共同决定的相对吸收知识的能力

资料来源：Knoben J，Oerlemans L. A. G. Proximity and inter-organizational collaboration：a literature review[J]. International Journal of Management Reviews，2006，6(2)：71-89.

4.1.1　组织间多维邻近性与多元农业推广组织横向合作的关系

横向合作是不同的农业推广组织在推广过程中开展的平行合作。合作形式包括共同销售某种物化成果、推广中的资源共享、推广中进行联合服务以及相互间的人才培养与交流等。在农业推广实践中，具体合作形式的采用与所推广技术的属性（公共技术、准公共技术、私人技术）也有着很大关系。特别是对于推广一些准公共技术或者私人技术的活动来讲，横向合作实际上更是一种带有竞争性的合作关系。

具体来讲,共同销售这一合作形式主要是针对一些物化成果而言的,如农技推广站和农业企业合作销售一些具有公共物品属性的农资产品,可以采用共同销售的模式,拓宽销售渠道,发挥销售的规模优势。推广中的资源共享和联合服务的形式则较为常见,比如行政型农业推广组织或教育、科研型农业推广组织与自助型农业推广组织在农业生产的不同阶段,基于一些公共的合作平台,采用联合服务、资源共享的形式,通过租赁农业机械、现场发放知识手册、田间指导培训等方式,为农户提供推广服务。

从横向合作农业推广的角度来看,可以重点从地理邻近性、技术邻近性和认知邻近性 3 个维度来讨论其对组织合作的影响。

4.1.1.1 地理邻近性与农业推广横向合作的关系分析

地理邻近性一般是指主体之间的物理距离。一些学者也曾研究过地理邻近性对于组织合作的影响,如 Cantner & Meder(2007)从经济地理学角度,分析了地理邻近对科研合作的影响,提出多种假设,并肯定了地理邻近在科研合作中的重要性。

在合作农业推广中,地理邻近性也就是各类型农业推广组织在地理位置上的接近程度。推广组织在选择推广合作对象时,需要识别对方的在农业技术的研发能力,或推广网络的建设、合作的诚信度和信誉等因素,以确保满足自身要求或与自身的合作战略相匹配,进而可以促进合作目标的实现。而地理距离造成的信息不对称,可能导致推广组织无法全面掌握合作对象的情况,使推广合作目标无法达成。当前,我国的农业推广主要是农业技术推广,故最主要的任务就是如何将有形的或无形的科技成果推广至农业生产一线,进而将科技转化为现实的生产力。现实中对于农业推广覆盖面的高要求决定了多元推广组织间的地理邻近性对于农业推广的横向合作有着重要影响。

在建立横向合作关系前,组织一般会通过区域瞄准的方式来选择合作对象,也就是说组织会以一定的辐射区域为基准选择其横向合作对象,以方便推广合作活动的进一步开展。组织间所开展的推广横向合作是一种平行合作,由于农业技术推广必须深入农业生产一线对农民进行技术指导,需要消耗大量的人力、物力和财力,因此只有与合作对象的地理位置更为接近,在横向合作过程中才能更好地实现各方金融、物质、人力、渠道等资源的优势共享;才能使合作各方处于更为相似的推广环境(熟悉了解项目实施区域的农业生产环境条件),提高各方的合作契合度;才能推动合作各方更加频繁的沟通与交流,促进隐性知识(特别是无法书面表达的推广技术、方法、经验等)的传递与共享;才能及时反馈并共同解决合作推广中存在的各种问题。

4.1.1.2　技术邻近性与农业推广横向合作的关系分析

Knoben & Oerlemans(2006)认为技术邻近性从其一般层面上的意义来讲代表了主体吸收外部知识、技术的能力。然而这种能力正是建立在组织依托各种资源所形成的核心技术能力之上的,因此在合作农业推广的框架下,技术邻近性也就是代表了组织依托一系列的资源所形成的推广能力的相近程度。

组织之间技术邻近程度较高,不仅可以增强合作双方对技术知识的相对吸收能力,加快知识的流动和转移,而且也有利于双方建立合作创新机制,以加速推陈出新。围绕合作农业推广项目,技术邻近性决定了横向合作中各组织间技术的互补性,进而影响了组织间的合作交互程度。从组织间知识互动的角度来看,组织间技术的互补性越强,意味着相关的技术知识在组织间更多的是进行双向的流动和交换;组织间技术的互补性越弱,意味着相关的技术知识在组织间更多的是进行单向的交流。因此,在农业推广的横向合作过程中,若组织间的推广技术能力越相近,就越能推动合作各方之间的技术知识进行双向的流动和交换,也就提升了各组织间技术的互补性。各组织在识别并吸收了外部的技术知识后,自身的核心技术能力亦得到了提升,这种合作的交互性在一定程度上也会影响到农业推广的合作绩效。

4.1.1.3 认知邻近性与农业推广横向合作的关系分析

认知邻近性是不同组织之间拥有相似的认知事物的方法,相似的沟通手段和模式,能在相似的经验、共同的语言、知识的基础上进行有效的沟通和交流。相似而并非一致的认知水平可以促进知识的流动和转移,促进创新活动的产生(李琳,韩宝龙,2009),同时认知邻近亦能提升信息获取的速度和效率(Boschma,2005)。

在农业推广横向合作关系中,认知邻近性的主要表现形式有:①农业推广横向合作中的目标认知邻近。合作伙伴具有相近的目标认知，就是以最大化地提升推广的绩效为核心目标。②农业推广横向合作中的流程认知邻近。合作伙伴具有相近的流程认知，就是可以在合作推广的各个流程环节中保持协调一致。③农业推广横向合作中的行为认知邻近。合作伙伴具有相近的行为认知，就是在合作推广实践中相互间可以理解彼此处事的行为与方式。④农业推广横向合作中的价值认知邻近。合作伙伴具有相近的价值认知，就是在合作推广实践中具有相似的价值观念和利益取向。

在农业推广的实践中，推广活动基本上是以项目方式开展的，所以合作基本上是以项目为纽带的。这种项目式的合作很容易造成角色、责任不明晰，竞争合作关系不明确等问题。在这种情况下，合作伙伴往往会表现出合作倾向性程度不高、合作意愿不坚定、合作行为不积极，甚至出现了一些仅仅为套取项目经费而参与推广项目的现象，导致了合作推广的低效和失败。而认知邻近性可以为合作农业推广提供重要的认知基础和协作保障。具体来讲，农业推广组织间进行横向合作的最终目的在于在特定领域内实现资源、知识技术等的共享，最终取得互利共赢的效果。跨组织的横向合作必然会涉及诸方利益的调和问题，各合作方之间的冲突和竞争是不可避免的。因此，在合作农业推广（尤其是物化技术推广）过程中，首先必须形成对于这种已存在的竞争合作关系的一致认知。在形成较为一致认知的基础上，进一步理顺相互间在推广的哪些环节、领域展开相应的竞争与合作。出于农业推广工作在农业发展中的基础性地位考虑，各方应形成这样的认知：推广合作更应以合作为主导关系，弱化竞争性因素，围绕合作项目致力于提升合作的质量与参与度,避免使推广合作项目成为多方竞争牟利的工具。形成较为稳定的长期合作关系,既可以潜移默化地提升自身的内实力,也为未来的发展创造了更大的机会空间。

4.1.2 组织间多维邻近性与多元农业推广组织纵向合作的关系

农业推广组织之间的纵向合作,主要是围绕着某项技术创新成果,针对创新产生、试验开发、扩散与采用的全过程而构建起的链条式的合作关系,这尤其是以一些物化成果的经营开发为代表。纵向的合作关系相比横向的合作关系会更加复杂,对于相互间的关系要求更高,更加强调了推广组织之间的兼容性关系。如现今农业推广中的校企合作等,高校通过采用技术转让、技术承包、技术入股、技术依托单位推广等方式将某些创新交由企业进行试验开发、扩散,进而共同合作完成技术创新成果从产生到试验开发再到扩散采用的全过程。

在农业推广中,通俗地讲,只要是有助于解决问题的、与推广对象生产与生活有关的各种新的实用技术、知识与信息都可以理解为创新。纵向合作根据合作各方的关系紧密度差异,大致可以分为低度合作和高度合作。在农业推广纵向合作中,较低度的合作即合作方各自只负责其中的某一环节,如现实中存在的技术转让、技术承包、委托开发等合作形式,高校或科研院所等上游组织提供创新成果,农民专业合作组织、企业等负责下游的试验开发、推广与扩散等工作。较高度的合作,即合作各方共同参与创新产生、试验开发、扩散与采用的全过程或者某些过程，如现实中存在的联合攻关、共建实体、内部一体化（如企业型推广组织建立自己的研发中心，两个或两个以上推广单位整合为一个规模更大的一体化组织等）等合作形式，这就使得纵向合作更为紧密，合作各方风险共担、收益共享。

相对于农业推广组织间的横向合作，地理邻近性对于推广组织间纵向合作的影响没有那么明显。由于纵向合作是基于某种创新由产生到扩散的整个流程环节来进行的，因此合作各方没有必要时刻保持较近的地理距离，也就是说在推广纵向合作中可以频繁实现跨区域组织间的联结。无论是较低度的还是较高度的纵向合作，一般情况下只需要在关键的节点和流程上进行面对面的沟通交流即可。日常的交流与沟通可以通过网络等工具来实现，共建实体、内部一体化等合作形式下新建的实体更是可以方便地实现合作项目核心成员间的密切互动。因此，从纵向合作农业推广的角度来看，可以重点从技术邻近性、关系邻近性和认知邻近性三个主要维度来讨论其对组织合作的影响。

4.1.2.1　技术邻近性与农业推广纵向合作的关系分析

与横向合作不同，农业推广组织间的纵向合作更为复杂，风险性更大。围绕合作农业推广项目，技术邻近性主要影响了纵向合作的各组织间技术的兼容性。在建立纵向的合作关系之前，组织一般会以技术瞄准的方式来寻求合作对象。在纵向合作过程中，若合作各方的核心技术能力越相近，就越能更快更好地找到技术合作的契合点,进而明确自身的技术角色定位、发挥自身优势;越可以围绕某项创新由产生到推广扩散的整个流程进行配合,提升合作的兼容性。对于技术邻近性的评估,是纵向合作顺利开展的先决条件,若纵向合作中各组织间的核心技术能力相差较大,合作项目很容易出现相互推诿、技术脱节、认知冲突严重等问题,各组织也就很难围绕着创新由产生到扩散的各个环节协调运转,造成合作绩效水平的低下。

4.1.2.2 关系邻近性与农业推广纵向合作的关系分析

Knoben & Oerlemans(2006)认为关系邻近性,也就是社会邻近性,从其一般层面的意义上来讲指各主体是否属于同一"实践社群(communities of practice)"。这里的"实践社群",也就是我们所讲的"圈子"。长久以来,中国社会十分重视"人情""圈子""关系网"等。同属于同一个"圈子",一方面意味着组织间存在着特殊的关系历史(如一方从另一方中改制而来)或者曾经保持了较为长久的合作关系;另一方面则意味着组织个体成员(特别是中高层管理者)相互间存在着较为紧密的关系。对于纵向推广合作,这种关系邻近具有很大影响:在建立合作关系时,组织间关系越邻近,就越会成为合作优先选择的对象;在纵向合作过程中,关系越邻近,组织相互间会更加信任与包容,可以提升合作的契合度,提升合作的稳定性。但不得不说的是,若推广组织相互间的关系邻近程度过于紧密,则可能会出现"知识锁定"等不利情况,导致无法为合作注入新的知识,也就无法形成新的突破性创新。

4.1.2.3　认知邻近性与农业推广纵向合作的关系分析

纵向农业推广合作较为复杂、存在诸多障碍的最主要表现在于难以形成以合作为导向的共同认知。这是因为创新由产生到推广扩散包括诸多阶段，需要纵向的组织间合作，但同时每一合作方都是具有独立利益诉求的组织，各组织间利益关系的复杂性导致形成共同的认知非常困难。

在纵向的农业推广合作中，合作伙伴共同的利益基础、价值观念、目标愿景等认知邻近贯穿于创新由产生到推广扩散的全过程。以高度的纵向合作为例，在推广纵向合作前期，也就是合作创新研发阶段，认知邻近性主要表现为对技术、市场需求、利益前景、风险等方面的共同认知；在推广纵向合作中期，也就是创新试验开发、工厂化实施及生产阶段，认知邻近性主要表现为对于创新研发成果、产出绩效的共同认知以及对合作伙伴的尊重认知等；在推广纵向合作后期，也就是创新扩散及采用阶段，认知邻近性主要表现为对于共同利益的实现方式、回报及分配方式的共同认知。

此外，在推广组织纵向合作过程中很多组织考虑到创新成果进入市场化推广阶段后会面临激烈的竞争，故在合作过程中会有很多顾及和保留，特别是在较为高度的合作中，合作各方不愿泄露自己核心的技术知识信息。但这种纵向合作的关系，本身就是一把“双刃剑”，倘若各合作方围绕创新由产生到扩散的整个流程环节形成共同的紧密认知，则会形成共赢的局面；倘若各合作方畏首畏尾，无法形成一致的认知，则会损失巨大。因此，在农业推广的纵向合作中，各组织间需要形成有关合作的诸多共同认识，这种认知越是相近，越有利于合作关系的稳固，就越能提升推广合作的绩效。

4.2 合作农业推广中组织邻近性维度的界定与分析

从上文对于国内外有关多维邻近性内涵的梳理中，我们可以看出不同邻近性维度之间存在着很明显的重叠，如文化邻近性和制度邻近性，文化邻近性和组织邻近性，制度邻近性和组织邻近性等。面对维度重叠这一问题，Knoben & Oerlemans(2006)曾通过一般性层面和组织间二元层面分析了地理邻近性、组织邻近性、文化邻近性、技术邻近性、认知邻近性、制度邻近性和社会邻近性这7个维度邻近性与组织间合作的相关性，并将与组织间合作相关的邻近性维度重新划分为3个：地理邻近性、技术邻近性和组织邻近性（包括组织结构邻近性、文化邻近性、认知邻近性和制度邻近性）。李琳和韩宝龙(2009)在Knoben & Oerlemans梳理的7个邻近性维度的基础上，认为组织合作中邻近性可以划分为以下3个维度：地理邻近性、组织邻近性（包括组织结构邻近性、文化邻近性和制度邻近性）和认知邻近性（包括认知邻近性和技术邻近性）。虽然实现毫无重叠的维度划分是不可能的，但是我们可以在减少维度的基础上尽可能地削减维度重叠带来的负面影响，以推动进一步的实证研究。

基于我国合作农业推广的实践，以及前文对于多元农业推广组织间邻近性与横向、纵向合作的关系分析，本研究将组织间的邻近性精炼地划分为地理邻近性和组织邻近性。其中地理邻近性的定义同大部分学者的观点是接近的，即农业推广合作中各类组织在地理位置上的接近性程度。在组织合作框架下，本研究认为组织邻近性（organizational proximity，简称 OP）是不同组织在合作中所存在的共同的属性逻辑和认知逻辑的多少。所谓属性逻辑是指不同组织内存在的固有的组织资源、组织结构、行为规则、惯例以及运行机制等；而认知逻辑是不同组织内以个体认知为基础的，在长期的实践中基于组织自身的资源状况、制度规则、知识技术结构、文化价值和经验背景等所形成的组织层面的心理认知系统（高启杰等，2015）。组织邻近程度越强，一方面意味着组织间共同的属性逻辑越多，相关的技术知识可以更加通畅地实现跨组织边界的转移，降低合作交易成本；另一方面则代表着组织间共同的认知逻辑越多，基于组织知识基础而形成的心理认知系统也就越相似，彼此间也就越能够产生更多的认知相似行为（高启杰，董杲，2016）。在组织合作中，这两者之间也是相互关联、共同发挥作用的：一方面相似的认知系统减少了对各种规则（尤其是正式性规则）的误解；另一方面共同的属性逻辑和认知逻辑在一定程度上减少了对合作中契约规则的需要。因此，具体说来，组织邻近性反映了潜在的组织网络联系程度以及组织特征的相似性程度，即揭示了如何进行有效合作的问题。本研究进一步将组织邻近性这一概念细分为组织资源邻近、组织结构邻近、组织关系邻近和组织认知邻近，前两者属于属性逻辑维度，后两者则属于认知逻辑维度（高启杰等,2015)。具体的维度刻画见表 4-2。

表 4-2 组织邻近性的维度刻画

	维 度		维度刻画
组织邻近性	属性逻辑	组织资源邻近	组织间核心资源拥有量(包括金融资源、物质资源、人力资源、渠道资源)的相近程度
		组织结构邻近	组织间组织结构(包括管理幅度等)的相近程度
	认知逻辑	组织关系邻近	组织是否属于共同的“实践社群”,即基于组织层面,对是否属于同一“圈子”的主观识别
		组织认知邻近	组织间在相互沟通时所表现出的行为方式、价值观念、前景规划上的相近程度

资料来源:高启杰,董杲.合作农业推广中组织邻近性对合作绩效的影响[J].华南农业大学学报:社会科学版,2016,15(1):10-19.

4.2.1 组织资源邻近

组织资源是组织可以直接运用的各种要素,通过资源的有效配置,可以为组织以及成员带来利益。组织资源的分类方式有很多,例如按照资源的表现形态,可以分为有形资源和无形资源,按照包括的内容来分,可以分为金融资源、物质资源、人力资源、信息资源、关系资源和形象资源等(李争鸣,2012)。资源依赖理论有两个重要假设,一是维持组织的运行需要多种不同的资源,而这些不同资源不可能都由自身组织提供;二是组织的正常运行是由多种活动构成的,而这些活动不可能都在组织内进行,因此企业或组织必须依赖环境以求资源,同时必须依赖其他企业的活动来维持正常运行(秦黎,2006)。组织所拥有的资源状况是组织十分重要的属性特征。

基于我国合作农业推广的实践，本研究讨论的是跨组织类型的推广合作，因此单纯地比较组织间的技术相近程度是有失偏颇的。现今我国农业推广主要是农业技术推广，若想将科技成果推广至农村一线，需要消耗大量的财力、物力、人力。因此相关研究需要重点讨论的是各类组织为了更加高效地开展农业技术推广工作所拥有的一系列核心资源的相近程度，即组织资源邻近。这里的核心资源主要包括组织所拥有的金融资源、物质资源、人力资源（数量、质量、带头人）、渠道资源（所拥有的推广手段和关系网络资源），组织的推广技术水平主要反映在以上组织核心资源的拥有量上。

4.2.2　组织结构邻近

现今组织结构已被认为是影响组织创新和合作的重要因素。国内外学者围绕组织结构的维度构成、变革趋势以及组织结构与创新绩效关系等方面进行了颇为深入的研究，取得了颇为丰硕的成果。罗宾斯（2005）从组织结构构成的角度出发，认为经典的组织结构构成要素主要包括：集权与分权、正规化、部门化、专业分工、管理幅度、指挥链。石书玲（2002）指出组织结构的变革已成为当今企业提高自身应变能力的一种重要手段，未来组织结构变化的趋势是更为扁平化、柔性化、网络化和虚拟化。张光磊等（2011）以知识转移渠道为中介变量，基于对高新技术企业的实证研究探讨了组织结构对研发团队创新绩效的作用与影响机理。

简单来说,组织结构是指对工作任务如何进行分工、分组和协调合作,它反映的是组织在职、责、权方面的动态结构体系。其中管理幅度与管理层次是组织结构的基本范畴,也是影响组织结构的两个决定性因素。幅度构成组织的横向结构,层次构成组织的纵向结构,水平与垂直相结合构成组织的整体结构。一般来讲,在组织条件不变的情况下,管理幅度与管理层次成反比例关系,即管理幅度越宽,则管理层次越少,反之亦然。

任何组织结构的设计都是基于对集权与分权关系的慎重考虑。陈建勋等(2011)认为任何组织结构都存在着两种典型形式:机械式组织结构和有机式组织结构。机械式组织结构代表了高度的劳动分工和职能分工以及对组织工作进行严密的层级控制,在这种组织结构下组织会制定出许多程序规范和标准,进而具有根深蒂固和自以为是的观念和知识体系,组织人员也都形成了一致的认识与价值取向。在有机式组织结构下,成员之间以直接的、横向及斜向的沟通和协调取代纵向沟通和层级控制,基层人员有权根据自己的技能和掌握的信息决定应该采取的行动,因而这也是一种松散、灵活的具有高度适应性的形式。有机式组织结构代表了进取能力和技术能力,相对年轻、异质化的员工队伍以及勇于探索、容忍失败的氛围。因此组织结构特征也在一定程度上反映了组织内部文化价值、行为惯例等属性特征,换句话说,在一定程度上组织结构是组织文化价值、制度惯例等内在属性的外部表征。

在农业推广的实践中,组织结构邻近考量的是各类组织间组织结构的相似性程度。本研究主要采用了管理幅度的指标来衡量组织结构特征。一般来讲，若农业推广组织的管理幅度越宽，则管理层次越少，即组织的纵向层级越少，组织结构也就更加扁平化，这就意味着较为基层的农技推广人员可以拥有更多的权力，组织对于农户的需求变化、市场环境变化等因素也就越敏感。

4.2.3　组织关系邻近

关系邻近，在一些研究中又被称作社会邻近或者个人邻近等。Oerlemans & Meeus(2005)认为关系邻近意味着属于同一关系空间的行动者，这也就将其和结构等值与嵌入性等概念联系起来，经济活动和企业产出受到相互间的关系网络结构影响。Knoben & Oerlemans(2006)指出组织关系是否邻近取决于组织是否属于共同的“实践社群”或占据了网络结构中的等效位置。

在我国的合作农业推广实践中，组织关系邻近是十分重要的组织邻近性维度。长久以来，中国社会十分重视“人情”“圈子”“关系网”，因此在选择合作对象时不仅考虑是否属于同一“实践社群”，而且还十分注重对于关系的识别。这种关系的识别是基于组织层面的心理认知系统的，是对是否同属于同一“圈子”的主观识别，具体来讲包括对组织的关系历史、关键个体成员在合作关系中的主导作用等的识别。

4.2.4　组织认知邻近

认知邻近性一般而言被认为是主体觉察、解释、理解和评估世界方式的相似性(Nooteboom，1999)。Hautala(2011)则进一步认为组织认知邻近性是在组织个人认知邻近的基础上,所形成的组织知识基础的相似性。学界对于知识基础的定义和衡量较为混乱,大部分实证研究是从知识基础在技术方面的相似性入手。然而这种知识基础的形成,既基于组织长期以来所独有的资源条件和核心技术知识,也受到了文化、规则、惯例等无形因素的影响。

在合作农业推广的实践中,组织间的认知邻近程度就显得尤为重要。无论是推广"公共技术""准公共技术",还是推广"私人技术",都离不开对合作方推广行为方式、愿景规划、价值取向的主观甄别,并以此来作为组织行动的重要参考。若相互间认知差异明显,就不能很好地把握组织间纵向和横向的合作关系,在合作推广的实践中很容易陷入到各自为战的局面。毛崇峰(2012)曾通过我国闪联的案例分析发现认知邻近性决定了组织合作创新方向和目标的一致性,只有在共同的目标、愿景和行为认知的条件下,各合作组织才有动力协同发展,因为这不仅涉及合作创新绩效,也会直接影响各合作组织自身的利益。因此在合作农业推广中,组织间认知邻近反映的是在相互沟通时所表现出的行为方式、价值观念、前景规划上的接近程度。进一步地,本研究也主要从 3 个方面来衡量这种组织认知:基于共同目标的认知、基于行为方式的认知、基于价值的认知。

本章参考文献

[1] Knoben J, Oerlemans L. A. G. Proximity and inter-organizational collaboration: a literature review[J]. International Journal of Management

Reviews,2006,6(2):71-89.

[2] Cantner U,Meder A. Technological proximity and the choice of cooperation partner[J]. Journal of Economic Interaition and Coordination, 2007,2(1):45-65.

[3] 李琳,韩宝龙. 组织合作中的多维邻近性:西方文献评述与思考[J]. 社会科学家,2009(7):108-112.

[4] Boschma R. A. Proximity and innovation:a critical assessment[J]. Regional Studies,2005,39(1),61-74.

[5] 高启杰,姚云浩,董杲. 合作农业推广模式选择的影响因素分析——基于组织邻近性的视角[J]. 农业经济问题,2015(3):47-53.

[6] 高启杰,董杲. 合作农业推广中组织邻近性对合作绩效的影响[J]. 华南农业大学学报:社会科学版,2016,15(1):10-19.

[7] 李争鸣. 农业大学农业推广组织模式创新研究——基于中国农业大学曲周农业推广的实践[D]. 北京:中国农业大学,2012.

[8] 秦黎. 组织关系视角下的跨组织信息系统理论探索[J]. 商场现代化,2006(1):30-32.

[9] (美)斯蒂芬·P·罗宾斯. 组织行为学[M]. 孙健敏,李原,译. 北京:中国人民大学出版社,2005.

[20] 石书玲. 当代企业组织结构变革的基本趋势[J]. 天津商学院学报,2002,22(2):20-23.

[11] 张光磊,刘善仕,申红艳. 组织结构、知识转移渠道与研发团队创新绩效——基于高新技术企业的实证研究[J]. 科学学研究,2011(8):1198-1206.

[12] 陈建勋,凌媛媛,王涛. 组织结构对技术创新影响作用的实证研究[J].

管理评论,2011,23(7):62-71.

[13] Oerlemans L,Meeus M. Do organizational and spatial proximity impact on firm performance? [J]. Regional Studies,2005,39(1):89-104.

[14] Nooteboom B. Innovation and inter-firm linkages: new implications for policy[J]. Research Policy,1999,28(99):793-805.

[15] Hautala J. Cognitive proximity in international research groups[J]. Journal of Knowledge Management,2011,15(4):601-624.

[16] 毛崇峰,龚艳萍,周青. 组织间邻近性对技术标准合作绩效的影响研究——基于闪联的案例分析[J]. 科学管理研究,2012,30(2):104-108.

第五章 合作农业推广绩效评价研究

5.1 合作农业推广绩效

绩效是在一定的制度安排下人们行为努力的结果，它不仅是以货币计量的收入，也包括个人或组织对现状满意程度的所有指标，如产出的增加、效率的改善、公平程度的提高、成本或交易费用的降低、激励水平的提高等，都可称之为绩效的改善（罗必良，2000）。组织间合作绩效就是多个组织合作所产生的业绩和效果。由于不同组织参与跨组织间合作动机、合作方式、合作投入与产出等方面千差万别，很多合作结果又具有无形性，难以用市场价格来衡量，故很难对其合作绩效进行直接测量（Anderson & Narus，1990），学者们提出可以测量合作目标实现的满意度、组织竞争优势提升程度，或者合作成员对合作关系未来持续的预期作为表征指标（Lyles & Baird，1994；Goodman & Dion，2001；王承哲，2006）。关于合作绩效的测量，曹静等（2010）从合作创新环境、合作创新投入、合作创新产出、合作创新运行和合作创新效果 5 个方面评价产学研结合技术创新绩效；李新荣（2013）从投入与产出两方面设计产学研合作项目绩效评价指标。

国内文献缺乏对农业推广组织间合作绩效的直接研究,但与之密切相关的“农业技术推广绩效”等研究成果可以被我们借鉴,后者主要有两种研究视角(黄秀娟,王文烂,2011;张文明等,2014),一是从农技机构等推广组织或项目层面选取评价指标,如邵法焕(2005)从推广能力、推广水平、推广效率、推广效果、创新能力与推广的可持续性5个方面评价农技推广绩效,并针对公益型、市场型和混合型农业技术推广不同类型进行相关绩效评价;徐彬、段晓明(2011)从农业科技成果的投入、管理和效果层面对农业企业成果推广绩效进行了评价。二是从农户层面选取绩效评价指标,如张蕾等(2010)用增加产量、提高农户的认知能力和应用能力以及农户满意度衡量基层农技员推广行为的绩效;廖西元等(2012)从农户角度选择了增产效果、农户满意度、指导作用和种稻技术提升4个指标来评价推广绩效。

所谓合作农业推广绩效是指多个农业推广组织合作所产生的业绩和效果,而如何评价合作农业推广绩效是下一步开展组织邻近性对合作农业推广绩效影响实证研究的基础。由于农业推广合作伙伴成员间目的或合作形式不尽相同、成果价值不一定可量化、成员所投入资源不同等原因,纯粹以产出的客观指标来衡量是不现实的,合作利益是难以量化的。本研究拟从两个角度考察合作农业推广绩效:客观绩效和主观绩效。客观绩效指标包括推广度与推广率等,主观绩效包括合作满意度、合作目标实现程度等,并研究各个构面的测度指标,以保证其在实证研究中的可操作性等。

5.2　影响合作农业推广绩效的因素

当前有关多元合作农业推广绩效及其影响因素的研究较少，但与之密切相关的“农业科技成果推广绩效”研究较多，而一般的推广绩效往往是多元农业推广组织合作的重要目标之一，其影响因素的研究成果可以被我们借鉴。苏时鹏等（2011）对福建省 306 个农业科技成果推广服务项目进行了实证分析，认为影响农业科技成果推广服务效率的因素，一方面包括农业产业类型、农业科技成果推广的难易程度、农民的素质；另一方面从农业科技推广的组织管理层面来看，是否立项推广、项目级别、立项类型、推广载体与推广模式等因素也可能影响农业科技成果推广服务的效率。徐彬、段晓明（2011）认为农业科技成果推广绩效的影响因素包括对科技成果推广的“投入”“管理”和“效果”3 个方面，“投入”包括人力投入、物力投入、财力投入；“管理”包括信息管理、动力与激励机制、机构管理、组织与决策；而“效果”包括经济效益、技术水平、市场效果和社会效益。廖西元等（2012）基于对中国 14 省 42 个水稻科技入户示范县所辖的 566 位农技人员及其对应指导的 4 729 个农户进行广泛调研的数据，采用逐步回归分析方法发现：农技员个人特征、管理体制、运行机制中的收入分配、工作安排、考核激励、机构发展等机制对农技员推广行为和推广绩效均有显著影响。张淑云（2011）通过对河北省多元化农业推广组织运行现状，河北省梨主产区标准化栽培技术推广现状以及农户对梨产业技术需求与供给意愿的调查分析,明确了推广组织在河北省梨产业技术推广中的作用空间,并运用层次分析和模糊综合评判相结合的方法,基于农户视角对推广组织的服务绩效(技术供给能力、技术服务质量和技术服务效果3方面)进行了评价。

本研究认为影响多元农业推广组织合作绩效的因素包括外部环境因素、组织自身因素和项目客体因素3个层面,这3个层面存在从宏观到微观,从战略到操作层面的逐步深入关系。

第一,外部环境因素。主要包括政治与法律环境、经济与市场环境、科学与技术环境和社会与文化环境(高启杰,姚云浩,2013)。政治与法律环境包括政治制度、农业方针政策、法律法规等,其中,政府在农业科技产学合作中起到了引导者、推动者和协调者的作用,对产学合作产生重要影响,如政府在农业产业和科技政策的宏观指导,利用税收政策、财政政策来激励产学合作创新等,这些都会显著影响不同农业技术推广主体合作的意愿与绩效。经济与市场环境,包括国家的经济制度、经济结构和发展水平、农村市场结构和消费水平等,经济与市场的变动将影响产学合作的意愿、方向、内容和绩效。科学与技术环境,包括科学与技术发展趋势、技术市场开放程度、农业技术研发潜力和发展动向等,各类推广机构对农业技术的掌握与运用,直接关系到生产力转化的效果。社会与文化环境,包括人口数量与结构、教育水平、农村社会结构与变迁、社会文化意识与价值等方面,这些因素也会直接影响各类农业推广机构对合作的需求,合作的方向和深度等。可见,不同推广主体与外部环境间的关系,既表现为外部环境对组织合作的作用,也表现为组织合作对外部环境的适应。

第二,推广组织自身的因素。不同推广主体自身面临人力、物力、财力、发展战略、组织管理方式、组织文化等众多差异性,合不合作与其自身特征相关,特别是与组织间的邻近程度相关,这也是本文研究的重点和难点。任强(2012)强调不同组织的组织方式、组织性质的差异对合作互动效果影响明显,同时,组织合作的稳定性和灵活性也是影响合作成功的因素。本研究则强调组织邻近性为组织间的一种关系安排,解释了不同组织为何能进行有效的合作与交流。组织邻近性对合作绩效的影响机制会在接下来的第六章中详述。

第三,推广项目客体因素。项目本身作为联结合作,刺激需求产生的重要内容,对合作意愿的产生直至最后合作绩效的获取都至关重要。作为推广合作的客观基础,组织合作与否受客观条件的限制,即项目层面本身的限制,包括项目所处的行业领域、在产业链中的位置与阶段、合作所需时间跨度、涉及技术领域的复杂程度、项目的风险、投资回报率、项目前景等。另一方面,合作推广项目的甄别、执行、控制、保障等合作过程,也直接影响着跨组织合作项目的绩效。各农业推广主体需要得到彼此客观条件的支持才能达成合作意向,本研究对推广项目复杂性的考虑,就体现了项目客体本身对合作推广绩效的影响。推广项目复杂性对合作绩效的影响机制也会在接下来的第六章中详述。

5.3 合作农业推广绩效评价指标体系建立及选择

5.3.1 合作农业推广绩效评价指标体系的建立

国内外学者关于多元农业推广组织合作绩效的直接评价指标体系的建构还很少,更多还是从跨组织(如产、学、研)合作绩效、农业技术推广绩效等方面进行研究和实证分析。在构建农业技术推广绩效评价体系方面,邵法焕(2005)认为农技推广绩效评价包括推广能力、推广水平、推广效率、推广效果、创新能力与推广的可持续性5个方面。李晓春(2007)认为农业技术推广效果是指农业技术推广所取得的成就及其达到目的性程度的评价,这反映了技术推广工作的实际结果,以及技术推广工作对促进农业科技发展、经济增长、农民增收所起的作用,其具体包括经济效益评价、社会效益评价和生态效益评价3个方面内容。黄秀娟、王文烂(2011)则认为需要从政府和基层农技机构层面以及农户层面选取绩效评价指标,前者主要包括经济效益评价指标、社会效益评价指标和生态效益评价指标,后者则主要从经济效益、推广人员推广行为和农户的满意度方面来进行选取。

还有一些学者构建了基层农业技术推广绩效评价的指标体系。娄迎春、李琦(2009)以平衡计分卡为基础,从推广对象、推广效益、内部管理、学习与创新4个层面,构建了我国基层农技推广绩效评价的三级指标体系。张蕾等(2010)认为目前对绩效的界定绝大部分是从产出角度考虑的，对于基层农技员推广行为的绩效的评价，需要结合《中华人民共和国农业技术推广法》的规定，选择增加产量、提高农户对农业技术的认知能力和应用能力以及农户对农技员推广服务的满意程度等来衡量。李宪松、王俊芹(2011)则从基层农技推广机构和农技推广人员2个层面出发，以农技推广机构的内部管理制度、硬件设施、创新能力，农技推广人员的个人特征和学习能力5个方面为核心指标构建了基层农业技术推广行为综合评价指标体系。

本研究认为评价指标体系的建立是量化合作农业推广绩效的前提，其建立必须坚持以下几项原则：①科学性与全面性相结合的原则。前者体现在对多元农业推广组织合作本质的正确理解以及评价方法的科学性，所选取的指标要能够反映实际的内容，保证评价结果的准确性；后者必须考虑到组织合作绩效的方方面面，以期全面反映各要素、各环节的关联性。②系统性与独立性相结合的原则。多元农业推广组织的合作项目本身就是一个系统工程，必须从其有机整体出发，全方位地描述绩效特点，构建指标之间的有机联系，但同时也必须保证评价指标之间的相互独立性，避免指标的相互包含和相互交叉。③代表性和对比性相结合的原则。多元推广组织的合作绩效包含范围广、内容多，在指标选择上要尽可能使用较少的指标，全面反映推广合作的绩效。同时为了使不同推广合作模式的绩效具有可比性，还必须注意指标的规范性和统一性，使其具有横向的可比性。

考虑指标选取的以上原则，本研究选取的指标分为两类，一类是客观指标,即硬指标,可通过调查取证和统计资料获得,另一类是对于合作农业推广难以量化和判断的指标,或通过定性的方法更能客观描述评价系统的指标,即软指标,则通过项目相关人员和专家进行主观判断取得。在参考前人研究成果基础上(Goodman & Dion,2001;邵法焕,2005;曹静等,2010;李新荣,2013),本研究用定性与定量相结合的方法,层层分解合作农业推广绩效评价框架,设计的评价指标体系见表 5-1。

具体指标有:①推广投入指标,包括合作推广总费用、合作人数和合作时间长度。②推广过程指标,一方面包括对合作推广工作本身的过程评价,即将合作推广视为一个整体,涉及合作各方协调过程、推广工作运行过程。选取合作沟通有效性、内部利益分配机制等指标代表合作各方协调过程和推广工作运行过程。另一方面包括推广对象参与过程,以及推广对象知识、技能、态度和行为(KSAP)的改变,选取培训指导人数、参与推广活动的人数代表推广对象参与过程,选取用户知识和技能改变情况、合作推广度代表推广对象的 KSAP 的变化。③推广产出指标,包括合作目标实现程度、合作推广的经济、社会、生态效益。④满意度指标,包括用户对合作推广的满意度、推广组织本身对合作推广的满意度。这些指标反映了合作推广各要素、各环节的关联性,形式上也较全面地反映了实际合作推广内容,科学、准确且在实际操作中简洁、可行,符合合作推广绩效评价的实际。

表 5-1 合作农业推广绩效评价指标体系

目标层	准则层	指标层	指标说明	类型
合作推广绩效	推广投入指标	合作推广总费用	合作各方所投入的资金总额	客观
		合作推广人数	合作各方派出的推广人员数量	客观
		合作推广时间	合作推广持续时间长度	客观
	推广过程指标	合作各方沟通有效性	合作过程中各方沟通顺畅,信息交流的频繁程度,根据推广组织对合作沟通的感知情况进行定性评价	主观
		合作内部利益分配机制	合作各方对内部利益分配机制的总体满意情况,根据具体利益分配机制进行定性评价	主观
		推广组织能力提升	推广组织通过合作提升了自身的推广效率和能力,推广主体进行定性评价	主观
		合作培训总人次	合作推广培训指导的总人次	客观
		参与推广活动的人数	参与合作推广活动的用户总数	客观
		用户知识水平提高或范围扩大	帮助用户增加知识的情况,包括专业知识、市场和政策知识、可持续农业意识等,根据具体项目改变用户知识水平的情况进行定性评价	主观
		用户农业生产或其他技能提高	合作推广对用户技能的提高情况,如专项生产技能、销售技能、写作和语言技能等,根据具体项目中用户技能提高情况进行定性评价	主观
		合作推广度	实际推广规模/应推广规模×100%	客观
	推广产出指标	合作目标实现程度	根据合作推广项目目标完成情况进行定性评价	主观
		合作推广新增收益	新增总产值—新增生产费用—推广费用,其中新增总产值=新增总产量×农产品单价	客观
		合作社会效益	项目产业化程度,增加了当地的就业率;推广公益事业发展;妇女地位提高;改善当地农村生活条件等,根据推广具体社会效益进行定性评价	主观

续表 5-1

目标层	准则层	指标层	指标说明	类型
		合作生态效益	推广项目区自然资源保护情况；资源合理开发情况；环境质量提高情况等，根据具体生态效益进行定性评价	主观
	满意度指标	用户对合作推广满意度	用户对合作推广的整体满意度	主观
		推广组织对合作推广的满意度	推广组织双方愿意继续长期合作下去	主观

资料来源：高启杰，姚云浩．合作农业推广绩效评价指标体系设计及应用研究，中国农业大学学报，2015，20(4)：231-238.

5.3.2 指标体系运用说明

在多元农业推广主体合作的指标体系实际应用中，需要注意以下几个问题：首先，指标的赋权，权重作为衡量评估绩效指标相对重要性的信息，需要根据其对合作绩效贡献率来确定。当前指标权重的确定方法主要有 3 种，包括主观赋权法、客观赋权法以及组合赋权法（于明政，2007）。在合作绩效评价的相关文献中，主观赋权法中的德尔菲法、层次分析法、综合指数法以及客观赋权法中模糊聚类分析方法、主成分分析法在实际运用中较为广泛，例如可以采用主观赋权法中的德尔菲法或层次分析法，从指标的重要性、可操作性和敏感性 3 方面进行评分，在各项指标所得分数的基础上求出权重值，并进行信度和效度的检验。值得说明的是，客观赋权法是通过数理运算来获得指标的权重，虽然避免了人为和主观因素的影响，但赋权结果会常常和客观实际相背离，而主观赋权法的使用，必须注意防止对专家的过度依赖。

其次，指标的评价方法，在综合评价指标体系中入选的各项指标，由于单位的不同，不能直接相加和综合。定量数据可以直接得到，而定性的数据需要进行赋值，我们可以使用李克特5点量表来采集各项指标值。为了能把各种不同单位的指标相加进行综合评价，就要用一种综合的方法，加以量化。综合评价的方法有很多，常用的有：综合指数法、因子分析法、指标化评分法、无量纲法、综合评分法等，其中综合评分法和指标化评分法在社会统计学科里最为常见。另外，还有学者将定性和定量指标标准化的方式分为两种（王浩，梁耀明，2011），一是将定量指标转化为“半定性”的指标，然后对定性与“半定性”的指标进行打分赋值（一般分为5级），二是将定性指标转化为“半定量”指标，分别对定性与定量指标进行归一量化，即将评价指标统一在无量纲[0,1]区间上，在同一度量尺度上进行相关的运算和取值。

最后，绩效评价是促进多元农业推广组织合作的重要工具和手段，但是绩效评价的结果往往具有滞后性，要防止用过去的不合时宜的业绩作为当前合作工作的标准，出现“棘轮效应”，因此需要建立动态的评价机制，以求及时、准确、充分掌握推广组织合作的信息（高启杰，姚云浩，2013）。

本章参考文献

[1] 罗必良. 经济组织的制度逻辑[M]. 太原：山西经济出版社，2000.

[2] Anderson J. C，Narus J. A. A model of distributor firm and manufacturer firm working partnerships[J]. The Journal of Marketing，1990，54(1)：42-58.

[3] Lyles M. A, Baird I. S. Performance of international joint ventures in two eastern European countries: the case of Hungary and Poland[J]. Management International Review, 1994:34(4), 313-329.

[4] Goodman L. E, Dion P. A. The determinants of commitment in the distributor-manufacturer relationship [J]. Industrial Marketing Management, 2001:30(3):287-300.

[5] 王承哲. 企业间合作绩效影响因素实证研究[D]. 杭州:浙江大学,2006.

[6] 曹静,范德成,唐小旭. 产学研结合技术创新绩效评价研究[J]. 科技进步与对策,2010,27(7):114-118.

[7] 李新荣. 基于集对分析的高校产学研合作项目绩效评价方法与模型研究[J]. 科技管理研究,2013,33(2):85-88.

[8] 黄秀娟,王文烂. 农业技术推广及其绩效评价研究述评[J]. 台湾农业探索,2011(5):36-41.

[9] 张文明,钟平英,刘飞翔. 基于农户视角的农业科技推广绩效评价体系设计——以武平县17个乡镇农技机构为例[J]. 云南农业大学学报:社会科学版,2014,18(2):14-20,31.

[10] 邵法焕. 我国农业技术推广绩效评价若干问题初探[J]. 科学管理研究,2005,23(3):80-82,120.

[11] 徐彬,段晓明. 农业科技成果推广绩效实证研究[J]. 西南农业学报,2011,24(3):1188-1190.

[12] 张蕾,陈超,朱建军. 基层农技员推广行为与推广绩效的实证研究——基于农户视角的调查[J]. 南京农业大学学报:社会科学版,2010,10(1):14-20.

［13］廖西元，申红芳，朱述斌，等. 中国农业技术推广管理体制与运行机制对推广行为和绩效影响的实证——基于中国 14 省 42 县的数据［J］. 中国科技论坛，2012(8)：131-138.

［14］苏时鹏，郑逸芳，黄森慰. 基于 DEA-Tobit 模型的农业科技推广服务效率研究——对福建省 306 个农业科技推广项目的实证分析［J］. 技术经济，2011，30(9)：90-95.

［15］张淑云. 多元化农业推广组织协同运行机制研究［D］. 保定：河北农业大学，2011.

［16］高启杰，姚云浩. 农业科技产学合作绩效评价研究［J］. 广东农业科学，2013，40(25)：76-81.

［17］任强. 企业跨组织合作互动与合作创新绩效的关系研究［J］. 湖北文理学院学报，2012，33(8)：69-72.

［18］李晓春. 农业技术推广效果评价研究［D］. 西安：西北农林科技大学，2007.

［19］娄迎春，李琦. 基于平衡计分卡的基层农技推广机构绩效评价体系设计［J］. 中国农技推广，2009 (12)：8-11.

［20］李宪松，王俊芹. 基层农业技术推广行为综合评价指标体系研究［J］. 安徽农业科学，2011 (3)：1834-1835.

［21］高启杰，姚云浩. 合作农业推广绩效评价指标体系设计及应用研究. 中国农业大学学报，2015，20(4)：231-238.

［22］于明政. 地方科技计划项目绩效评估指标体系研究与应用［D］. 重庆：重庆大学，2007.

［23］王浩，梁耀明. 产学研合作绩效评价研究综述［J］. 科技管理研究，2011，31(11)：56-61.

第六章　组织邻近性对合作农业推广的影响机制研究

6.1　组织邻近性对农业推广组织间合作绩效的影响

6.1.1　组织间多维邻近性对创新绩效及跨组织合作绩效影响的相关研究

综观国内外文献，不少学者运用邻近性各维度对组织间创新与知识合作的影响进行了研究，主要集中在邻近性对区域内企业合作创新的影响（Kirat & Lung，1999），组织间邻近性对跨地区企业合作创新的影响（Ben，2007；曾德明等，2014），以及组织间邻近性对不同类型、不同时期的企业合作创新的影响（Jonsson，2002；毛崇峰等，2012）等方面。国内外尚未有研究直接探讨组织间邻近性对农业推广组织间合作绩效的影响机制，但亦可以从其对创新绩效以及跨组织合作绩效影响的相关研究中获取很多启示。

由于法国邻近动力学派是在 Audretsch 等（1996）提出的知识溢出理论基础上，试图基于邻近性的视角来分析知识溢出对企业

（合作）创新的影响，故这方面的研究是目前国内外有关邻近性研究的主流领域。一般来讲，组织间相互邻近对组织合作创新及其绩效有重要影响以两个假设为基础：一是创新是一个交互的过程；二是组织越是相互接近，越有利于促进相互合作和创新。前一个假设是显然的，然而需要讨论的是组织间的邻近性是如何基于知识溢出来影响组织间的合作与创新的。围绕这个问题，国内外诸多学者从不同角度进行了研究，例如，一些学者主要强调了单一维度邻近性对于创新绩效、合作绩效的作用，如 Hautala（2011）通过对芬兰顶尖的国际研发小组进行 2 年的跟踪调查，发现了研发组织间的认知邻近性在合作知识创造中起到很大影响，只有保持较好的认知距离、保持适当的认知摩擦时，才能碰撞出更多知识创新的火花，提升整体的研发合作绩效。国内学者毛崇峰等（2012）基于 TD-SCDMA 产业联盟合作的案例，分析了认知邻近性对横向和纵向技术标准合作绩效的影响方式。

而随着组织间的多维邻近性逐渐成为学界的共识，一些学者开始分析多维邻近性对组织交互学习、合作创新绩效的影响，Oerlemans & Meeus（2005）通过普通最小二乘法对影响企业创新的内部和外部因素进行回归，得出地理邻近性在某些特定的情况下对企业集群创新有积极作用，而基于资源、网络环境和制度等因素，组织邻近性对企业创新绩效会起着重要的作用。Knoben & Oerlemans（2006）将与组织间合作相关的邻近性维度重新划分为 3 个：地理邻近性、技术邻近性和组织邻近性（包括组织结构邻近性、文化邻近性、认知邻近性和制度邻近性），并进一步研究了在组织合作中这些维度邻近性发挥着何种作用。Balland(2012)利用欧盟2004—2007年全球导航卫星系统(GNSS)产业研发合作项目的相关数据,重点探究了组织(包括大学、企业、政府和社会组织四个维度)间的邻近性对于彼此合作关系网络的影响,并借助SIENA模型测量了Boschma(2005)所提出五个维度邻近性对于组织合作的动态影响机制,结果表明:只有组织间的地理邻近性、组织邻近性和制度邻近性正向促进了组织间的合作;认知邻近性没有促进组织间合作的原因在于GNSS产业中的合作更注重组织间知识基础的异质性;与多边合作相比,社会邻近性在双边合作中更容易产生和发挥作用。毛崇峰等(2012)采用理论与案例研究的方式,分析了地理邻近性、技术邻近性、制度邻近性和认知邻近性对技术标准合作绩效的作用方式,并以"闪联"的形成和成长过程论证了不同邻近性对技术标准合作绩效的影响。

此外,从跨组织合作绩效研究的视角看,国内外的学者们基于不同的组织合作理论角度,通过理论分析、案例调查、实证研究等方式,提出了诸多影响组织间合作绩效的因素。虽然很少有人将邻近性作为重要因素进行系统分析,但是从一些结论中亦可以看到一些相关的表述,如Daghfous(2004)、谢志宇(2004)、陈伟和张旭梅(2009)通过实证分析,发现了组织资源规模以及资源、知识、技术等的匹配性、互补性,组织间的协同运作能力,组织间认知能力、学习能力差异等因素对跨组织合作绩效的重要影响。

6.1.2　组织邻近性对农业推广组织间合作绩效的影响机理分析

在合作农业推广的实践中，不同类型农业推广组织间的组织邻近性对合作绩效的影响机理可以从属性逻辑维度和认知逻辑维度两方面来进行分析。

从属性逻辑维度出发，组织邻近性主要包括组织资源邻近和组织结构邻近，前者具体指不同类型推广组织间金融资源、物质资源、人力资源以及渠道资源拥有量的相近程度，后者主要指不同类型推广组织间管理幅度的相近程度。在合作农业推广中，组织邻近性越强，基于相近的组织资源、组织结构乃至组织文化、组织制度等而形成的共同的属性逻辑越多，相关的知识和技术就可以更加容易地实现跨组织边界的转移，进而提升合作推广的绩效水平。具体来说，首先，相近的资源条件、组织结构以及在此基础上形成的相近的组织文化、制度可以推动组织间合作的“一体化”和“内部化”，提升合作强度，可以有效降低推广合作的交易成本；其次，相似的组织处理流程和规则惯例使得组织合作中交互传递、渗透的信息、知识、资源可以在组织内部实现直接对接处理，减少了很多费用成本；最后，可以使组织间最大限度地相互学习推广组织管理方面的经验，进而可以优化合作各主体间的合作治理结构与模式，提升合作满意度。值得注意的是，在理想的状况下，合作农业推广中若组织间共同的属性逻辑过多，也会产生一些负面效应：一方面，过分相近的组织资源、组织结构和文化等压缩了各合作主体间的合作空间,在一定程度上抑制了创新的产生;另一方面这可能导致过分的知识溢出,不利于组织核心知识产权的保护。

从认知逻辑维度出发,组织邻近性主要包括组织关系邻近和组织认知邻近,前者具体指不同类型推广组织间是否存在着特殊的关系历史以及组织内个体成员(特别是中高层管理者)与合作方是否有着紧密的联系,后者主要指不同类型推广组织间是否可以理解对方的行为、接受对方的处事方式,以及在合作目标前景、价值观念与利益前景方面的相似性和一致性。在合作农业推广中,组织邻近性越强,组织间的认知系统就越相似,共同的认知逻辑就越多,就越可以在组织交互中理解对方的各种行为,进而提升合作推广的绩效水平。具体来讲,基于特殊的关系历史、相似的目标和价值观念、共通的知识和技术背景等所形成的认知逻辑,一方面使得参与推广合作的各主体产生更多的认知相似行为,更加易于形成合力。另一方面则可以使组织合作中的沟通与交流更加流畅,各合作主体可以更加明确、高效地从合作中吸取资源和溢出知识,尤其是那些在农技推广实践中所蕴藏的隐性知识和技术,实现合作各方面能力的提升。同样,在理想的情况下,在合作农业推广中若组织间共同的认知逻辑过多,也会产生一些负面效应:过度相似的认知系统让合作各方的差异性逐渐减少,很容易出现由于缺乏新的知识技术来源而造成的技术锁定,使得技术推广逐渐脱离农业生产的实践。

综上分析,考虑到现今我国农业推广组织刚刚形成多元化的雏形,各类推广组织间仍缺乏有效的合作与沟通,整个国家农业推广组织体系的运行效率依然较低，故本研究提出以下假设：

H1：组织邻近性对多元农业推广组织合作绩效有直接显著的正向影响。

H1a：组织邻近性的属性逻辑维度对多元农业推广组织合作绩效有直接显著的正向影响。

H1b：组织邻近性的认知逻辑维度对多元农业推广组织合作绩效有直接显著的正向影响。

6.2　合作倾向性的中介效应分析

6.2.1　合作倾向性的维度界定

现今合作倾向性(collaboration propensity)一词在国内外心理学、管理学、经济学等领域的研究文献中频繁出现。然而大部分学者都没有根据情境对合作倾向性的内涵进行解释，这也导致了其测度指标随意性极大。在现实中很多学者将“合作倾向性”与“合作”互换使用，即用合作与不合作的二分法来定义合作倾向性，如Boardman & Ponomariov(2009)，曾萍和李熙(2014)在研究校企产、学合作时均把合作倾向性等同于“倾向合作”的含义。但是这种简单地从单一角度描述合作倾向性的做法是不合理的，一方面原因在于从其内在意义上讲，即使拥有“倾向合作”的意愿并不一定代表能实现合作；另一方面原因在于没有针对具体使用的情境来深层次探究其内在维度，缺乏了严谨性。

对于合作倾向性的定义是需要特定的情境的，因为合作包括个体之间、个体与组织之间、组织与组织之间等诸多不同的情形，故需结合特定的情境来分析其内涵维度。Beaver(2001)基于对科学领域相关合作的研究，认为合作倾向性的一个重要衡量维度在于合作能否带给彼此有用的、重要的稀缺资源（包括数据资料、专有技术、仪器设备等），以解决进一步研究、发展中出现的各种问题。Birnholtz(2005)在 Beaver 等研究的基础上，认为研究人员个体之间乃至群体之间合作倾向性的测量，还需考虑另一个十分重要的维度——彼此间合作的信任程度，即是否坚信彼此间的合作可以走向成功。王磊(2011)从个体间合作的情形出发，认为合作倾向性这一变量可以从以下三个维度来衡量——合群意愿、合作互惠、合作包容。黄劲松、刘勇(2013)则从高校研究者——企业合作的角度，认为高校研究者合作倾向性的衡量应使用合作意愿、实现合作和合作深度这三个存在线性关系的指标。

合作倾向性是现实合作关系中非常核心的考量要素，只有具备较强的合作倾向性才能推动组织间合作关系走向稳定。在我国农业推广的实践中，大部分的推广工作都是通过项目方式开展的，所以推广合作基本上是以项目（尤其是国家专项项目）为纽带。围绕农业推广项目，虽然不同类型推广组织间建立起了合作关系，但是出于不同的考虑，很多时候他们并不一定会全身心地投入到合作过程中并推动合作关系趋于稳定，也就是其内在的合作倾向性并不强烈。基于这种现状，本研究在 Birnholtz 所提出的合作倾向性两维度结构基础上，基于组织间合作的层面将合作倾向性的内涵拓展为合作信任度、合作互惠与合作包容三个维度。具体来讲，合作信任度是指在合作推广中对合作方的信任程度，这主要包括了认知信任和情感信任两方面。合作互惠指组织在合作中所采取的有利于增进彼此实力的积极行为，特别是那些在履行角色承诺基础上主动帮助合作方的行为。合作包容主要是指组织基于对彼此合作关系的重视所采取的包容性行为，尤其是那些积极的冲突化解行为。从总体上讲，合作信任度、互惠性以及包容程度越高，也就代表了组织合作倾向性程度越强。

6.2.2　组织邻近性与合作倾向性的关系分析

基于知识流动和知识外溢的视角，组织间进行合作是基于可以促进更多的知识交流与交换，以形成更多的交互行为和创新，进而降低交易成本以及机会主义行为的产生。现今农业推广主要还是农业技术推广，若想将科技成果推广至农村一线，需要消耗大量的财力、物力、人力。从组织邻近性的属性逻辑维度来看，若组织间共同的属性逻辑越多，也就意味着合作组织彼此间金融资源、物质资源、人力资源、渠道资源拥有量越相近，彼此间的互补性也就越强，从推广合作中汲取自身需求的愿望也越强烈，这势必可以增强组织间的合作信任度，推动合作中角色分工的合理化，促进更多互惠性、包容性行为的出现。

从组织邻近性的认知逻辑维度来看，若组织间共同的认知逻辑越多，也就意味着合作组织彼此间的经历背景、目标与价值观念以及知识和技术基础越相似。这无疑可以使组织间的沟通与交流更加流畅，进而提升了相互间的了解程度，各合作主体可以更加明确、高效地从合作中吸取资源和溢出知识，尤其是那些在农技推广实践中所蕴藏的隐性知识和技术。长此以往，组织间互动的关系会增加彼此间的心理认同感，进而产生某种心理依附，这种依附可以把组织间关系强度带入到一种更高的层面。在这种情境下，无论是组织间的合作信任度还是合作互惠性、包容性程度都会有明显的提升。

综上所述，本研究提出以下假设：

H2a：组织邻近性的属性逻辑维度对推广组织彼此间的合作倾向性有直接显著的正向影响。

H2b：组织邻近性的认知逻辑维度对推广组织彼此间的合作倾向性有直接显著的正向影响。

6.2.3 合作倾向性与合作绩效的关系分析

在合作农业推广中，围绕合作项目而建立起来的合作关系很多都是松散的、不稳定的，造成这种局面的原因有可能是出于经济利益的驱动，也有可能是受制于某些强制性政策要求。总之，在很多状况下，由于缺乏内在的合作倾向性使得组织间的合作无法形成有效的组织聚合，自然也就无法促进合作推广绩效的提升。

国内外一些学者也在相关的实证研究中给予证明，认为处于合作中的双方组织拥有高度的信任度后双方将会进一步关注合作绩效的提升，双方将会采取一些利于相互关系的积极行为来减少交易成本。Szulanski(1996)通过研究发现校企合作中缺乏合作动力和合作意愿最直接的表现就是不信任和猜疑气氛的形成，这直接影响了合作项目的进行。潘文安、张红（2006）通过实证研究证明了供应链伙伴间的信任度、承诺履行等行为可以提升相互间的合作意愿，进而提升整体的合作绩效。薛卫等（2010）在有关产学合作的实证研究中证明了组织间合作互惠、合作包容性行为对于合作绩效有着正向的促进作用。综上所述，合作的倾向性越强烈，就代表着组织对于合作方的信任度越高，越能够推动组织采取相应的合作互惠、合作包容性行为来维护彼此间建立的合作关系，进而提升整体的合作绩效。因此我们提出以下假设：

H3：合作倾向性对多元农业推广组织间的合作绩效有直接显著的正向影响。

综上所述，本研究认为在合作农业推广中，组织邻近性通过合作倾向性中介影响合作推广绩效，故提出以下假设：

H4a：组织间的合作倾向性在组织邻近性的属性逻辑维度与合作绩效之间存在中介效应。

H4b：组织间的合作倾向性在组织邻近性的认知逻辑维度与合作绩效之间存在中介效应。

6.3　推广项目复杂性的调节效应分析

合作农业推广是一项非常复杂的系统工程。一般来说，围绕一项农业技术的合作创新活动往往具有多阶段性，包括新设想的产生、研究开发、商业化生产、市场营销或推广、采用与扩散等多个阶段,在不同阶段下,影响不同推广组织进入或退出项目的因素不同,且影响程度也不同。如在合作推广的研究开发阶段,影响的因素为各方技术吸收和创新能力、组织间沟通的有效性、合作精神、外部环境支持等,而在市场营销或推广阶段,影响合作的因素除了合作各方的信任关系、利益的分配机制等以外,农业技术创新用户本身的特点,包括分散性,农民的个人特征、社会经济特征等,以及市场的变化和波动也会影响技术创新成果的扩散和采纳(高启杰,姚云浩,2013)。可见,农业推广项目往往覆盖了技术创新的众多过程,影响合作的各个因素在合作的不同阶段并非固定不变,推广项目的运营不仅具有极强的复杂性,这种复杂性也会对合作绩效的大小产生影响。而随着推广成果的不断创新、社会发展的不断进步,农业推广项目的复杂性也在不断增长。不断增长的项目复杂性已经成为推广技术研发超期、超支,乃至推广项目最终失败的重要原因之一。因此本研究试图以推广项目的复杂性为调节变量,定量研究合作农业推广中项目复杂性与其他一些关键变量(组织邻近性、合作绩效)之间的关系,以进一步完善现有的合作推广管理理论和方法。

6.3.1 推广项目复杂性的维度界定

学界对于项目复杂性的研究主要是基于复杂性理论和项目管理理论展开的。自从 Baccarini(1996)第一次系统地提出项目复杂性(project complexity)概念以来,国内外学者们将关注点主要放在了大型工程建设项目、新产品开发项目、信息系统开发项目、软件外包项目等领域，尚未发现有针对农业推广项目复杂性的专门研究。

在项目复杂性的内涵研究方面，尚没有出现一致的定义，基于Schlindwein & Ison(2005)、Vidal & Marle(2008)的观点，学界对与项目复杂性内涵的界定主要有两个倾向。第一种倾向下项目复杂性被视为描述复杂性(descriptive complexity)，即将复杂性当作项目系统的内在属性，这也推动着持这种本体论观点的学者去不断量化测量项目复杂性。如Baccarini(1996)认为项目复杂性是由许多不同种类的相互关联部分组成的，可依据差异性和相互依赖性加以测量，并将项目复杂性划分为组织复杂性和技术复杂性；Tatikonda & Rosenthal(2000)则认为项目复杂性是项目组织所需要的子任务的属性、数量、大小以及相互间的交互作用。第二种倾向下项目复杂性被视为感知复杂性(perceived complexity)，即将复杂性当作人们的一种主观感知。如Edmonds(1999)指出对于项目复杂性的感知是即使给定了基本组件和它们之间相互关系的合理的、完全的信息，但依然无法用语言规划制定出详细的整体行为。随着研究的深入，学者们逐渐发现二者之间不是排斥的，是可以而且需要相互融合的，但尚未有一个定义可以很好地搭建起二者之间的桥梁(Vidal & Marle,2008)。

在项目复杂性的构成维度研究方面，国内外学者们进行了较为深入的研究，也产生了较为丰富的成果(汇总观点见表6-1)。分析项目复杂性的构成维度也就是在识别项目复杂性的基本属性(或来源)的基础上，提取出不同类型特征的复杂性类型，这也为进一步的实证研究奠定了基础。

表 6-1　项目复杂性的构成维度研究文献汇总

学者	基本观点
Baccarini(1996)	项目复杂性由组织复杂性和技术复杂性这两大维度组成,并可以从差异性和相互依赖性两方面入手对每一维度进行测量
De Bruijn et al.(1996)	项目复杂性可以划分为技术复杂性(包括技术独特性、动态性、不确定性等)、组织复杂性(主要包括内部组织结构、项目团队等)和社会复杂性(主要是环境要素)
Williams(1999)	项目复杂性可以分解为结构复杂性(包括项目组成要素的数量、组成要素间的差异性和相互依赖性等)和不确定性(包括目标与方法的不确定性)两个维度
Tatikonda & Rosenthal(2000)	对于产品开发项目,项目复杂性可以被划分为产品技术和流程技术之间的相互依赖、项目目标的新颖程度和项目的实施难度三个维度
Maylor(2003)	项目复杂性可以分解为技术复杂性(包括技术的革新性、技术流程和技术需求的不确定性)、组织复杂性(包括涉及的组织数量、人数、语言种类等)和资源复杂性(主要是指项目的规模,特别是项目的开支规模)
Kim & Wilemon(2003)	新产品研发项目(NPD)中,项目复杂性来源于技术复杂性(包括元件集成性和技术革新性)、市场/环境复杂性(包括判断市场环境、预测市场需求和竞争者反应等)、研发复杂性(主要包括项目实施中资源相关要素的统筹)、营销复杂性(主要包括渠道建设、营销策略等)、组织复杂性与组织间复杂性(组织数量、组织间文化特别是组织间的动态沟通与交流)
Xia & Li(2004)	基于信息系统开发项目,按照组织复杂性和技术复杂性的类型界定、结构要素和动态要素的属性界定,构建了项目复杂性的二维矩阵模型,形成了结构组织复杂性、结构技术复杂性、动态组织复杂性和动态技术复杂性四个子维度
Vidal & Marle(2008)	在将项目复杂性划分为技术复杂性和组织复杂性的基础上,从项目规模、要素种类、要素间的相互依赖关系和对环境的依赖性四方面对二者进行了深入刻画与阐释

续表 6-1

学 者	基 本 观 点
吴绍艳(2009)	将工程项目复杂性划分为要素复杂性(包括组织关系、信息复杂性等)、环境复杂性(包括静态和动态的环境)和系统结构复杂性(主要指子系统间交互作用的复杂性)
Bosch-Rekveldt et al.(2011)	将大型工程项目的复杂性分解为技术复杂性(包括目标层面、范围层面、任务层面和经验层面)、组织复杂性(包括规模层面、资源层面、项目团队层面和信任层面)和环境复杂性(包括利益相关者层面、地理位置层面和市场层面)
曲刚、李伯森(2011)	针对软件外包项目,从知识转移的视角以结构性和动态性来刻画项目的复杂性
Senescu et al.(2013)	在将建筑工程设计项目分解为产品复杂性、组织复杂性和过程复杂性的基础上,从多样性、因果联系、相互依赖关系、开放度、协同性和非线性行为六方面对三者进行了深入刻画与阐释
Kardes et al.(2013)	将全球大型项目的复杂性划分为技术复杂性和社会复杂性,前者主要测度项目的规模,后者主要测度项目中涉及的各方间的交互关系
何清华等(2013)	认为项目复杂性具有结构性、不确定性和动态性三个本质属性,且由技术复杂性、组织复杂性、目标复杂性、环境复杂性、文化复杂性和信息复杂性 6 方面构成
Peng et al.(2014)	对于 NPD 项目,项目复杂性可以被划分为产品规模(产品组件数量)、项目新颖性(包括目标市场、产品及技术流程的革新性)、子任务间的相互依赖程度三个维度

通过分析国内外学者们相关的研究成果,我们可以梳理出项目复杂性研究的两个基本思路。第一种思路是将项目复杂性的类型划分得尽可能细致,特别是极力拓宽二级指标的构成要素,以更好地在特定领域内为项目管理的实践服务,如 Kim & Wilemon(2003)、Bosch-Rekveldt et al(2011)等;第二种思路则是将项目复杂性的类型、维度划分和属性特征结合起来进行研究,在进行构成

维度划分的基础上紧紧围绕项目复杂性的属性特征来细化、定义二级指标,这更偏重于进行相关的实证测量,进一步深化复杂性理论研究,如 Xia & Li(2004)、Vidal & Marle(2008)等。但无论哪一种思路,都无法构建出较为普适性的项目复杂性评价指标体系。因此,对于农业推广项目来讲,需要针对现实中的运行情况等来构建项目复杂性的评价体系。

沿着以上第二种研究思路,本研究将农业推广项目复杂性的类型、维度划分和属性特征结合起来进行研究。综观国内外研究成果,从项目复杂性的属性特征角度来讲,大多包含结构性、动态性和不确定性这三大要素(何清华等,2013)。然而不确定性作为项目复杂性的属性特征还存在着不小的争议,Williams(1999)认为不确定性是项目复杂性的重要来源,并将项目复杂性进一步分解为结构复杂性和不确定性(包括目标与方法的不确定性)两部分,然而 Vidal & Marle(2008)则认为不确定性是项目复杂性所带来的负面结果。因此本研究仅将结构性(主要包括项目组成要素的数量、组成要素间的差异性和相互依赖性等)和动态性作为农业推广项目复杂性的两大属性特征。从项目复杂性的类型、构成维度划分角度来讲,针对农业推广项目必须注意两方面问题,一方面现有研究中所指的项目大多是广义上的项目,很大一部分都是在组织内部展开的,而我们关注的则主要是合作推广项目,更多的是基于组织间层面的;另一方面对于项目复杂性的划分大多是从客观任务角度去分析,如技术复杂性、环境复杂性、组织结构复杂性等,缺乏一些主观的划分要素。基于此考虑,本研究将推广项目复杂性划分技术复杂性、环境复杂性和组织间交互复杂性，并构建了以下的分析框架（表 6-2）。

表 6-2　推广项目复杂性的构成维度

准 则	结构属性	动态属性
技术复杂性	技术难度 流程标准 涉及的技术领域	技术动态性
环境复杂性	政策环境 市场环境	政策动态性 竞争动态性 需求动态性
组织间交互复杂性	合作经验 沟通障碍	沟通交流的动态性

资料来源：高启杰，董杲．合作农业推广中组织邻近性对合作绩效的影响[J]．华南农业大学学报：社会科学版，2016，15(1)：10-19．

(1)技术复杂性。结合 Rycroft & Kash(1999)的观点，本研究认为在合作农业推广项目中，从结构属性层面来讲，对于技术复杂性的评估可以从以下 3 个方面进行：首先是技术的难度，即合作农业推广项目中涉及技术单元的多少；其次在于技术流程的复杂度，即合作农业推广项目中核心技术的流程与标准复杂化和精细化的程度；最后则应扩展到更具复杂性的社会系统中去理解，即考察合作农业推广项目中所涉及的属于不同技术领域的推广组织的数量多少。从动态属性层面来讲，合作农业推广项目中技术的动态性主要反映了所推广技术内容更新换代的速度。总体来说，在合作农业推广项目中技术的难度越大，核心技术的流程与标准复杂化和精细化的程度越高，涉及的属于不同技术领域的推广组织的数量越多，推广技术内容更新换代的速度越快，合作农业推广项目的技术复杂性程度也就越高。

(2)环境复杂性。本研究认为在合作农业推广项目中，从结构属性层面来讲，对于环境复杂性的评估可以从以下两个方面进行：一方面是政策环境，即地方有关农业推广的政策法规是否有利于合作农业推广项目的开展；另一方面则是市场环境，主要考察推广服务对象对于合作推广项目的支持程度。从动态属性层面来讲，对于环境复杂性的评估主要包括以下3个方面：首先是政策的动态性，即在合作农业推广项目实施中地方相关政策法规是否存在很大的波动变化；其次是竞争的动态性，主要考察推广的竞争对手对于合作推广项目的影响程度；最后则是需求的动态性，主要考察用户相关技术需求的可预测程度。总体来说，在合作农业推广项目中地方有关农业推广的政策法规越有利于合作农业推广项目的开展且平稳性越强，推广服务对象对于合作推广项目越支持，竞争对手对于合作推广项目的影响程度越小，用户相关技术需求的可预测程度越高，合作农业推广项目的环境复杂性程度就越低。

(3)组织间交互复杂性。和前两种复杂性类型不同，组织间交互复杂性主要是从主观的组织间交互层面来衡量合作推广项目的复杂性程度，其关键在于沟通(Kim & Wilemon，2003)。本研究认为在合作农业推广项目中，从结构属性层面来讲，对于组织间交互复杂性的评估可以从以下2个方面进行：一方面是合作经验，即考察合作各方是否具有丰富的推广合作经验；另一方面则是沟通障碍，即合作各方彼此间是否具有多种形式的信息传递渠道。从动态属性层面来讲，合作农业推广项目中沟通交流的动态性主要反映了在项目实施的全过程中，合作各方是否需要保持实时或频繁的沟通与交流。总体来说，在合作农业推广项目中若合作各方的推广合作经验越少，彼此间信息传递渠道越少，且项目对于彼此间实时沟通与交流的要求越高，合作农业推广项目的组织间交互复杂性程度也就越高。

6.3.2　推广项目复杂性的调节效应分析

国内外的许多研究成果显示项目的复杂性对于项目绩效有直接显著的影响，如 Tatikonda & Rosenthal(2000)通过实证研究发现，对于新产品研发项目而言，项目的复杂性程度越高，项目最终产品的单位成本也越高，项目复杂性对于项目绩效有一定的负向影响。Xia & Li(2004)在实证分析诸多信息系统开发项目的基础上发现，项目复杂性对于项目绩效有着很大的负面影响，较高的项目复杂性会导致项目延期、成本超支、系统功能削弱，并降低了用户的满意度。此外一些研究也证明了项目复杂程度不仅会直接影响项目合作绩效，也能够调节组织合作各变量之间的关系。如曲刚和李伯森(2011)研究表明，软件外包项目动态复杂性对专长度与知识转移绩效的关系有显著的负向调节作用；Peng et al.(2014)以项目复杂性为调节变量，实证研究了新产品研发项目中信息技术工具的使用与 NPD 项目合作水平的关系，结果显示：项目复杂性中的产品规模维度在两者间起到正向的调节作用，而项目新颖性和子任务间相互依赖程度两维度在两者间起负向的调节作用。

合作推广项目复杂性越高，意味着推广组织将花费更大的人力、物力和财力使推广对象认识、接受和采用相关的技术,这也直接会对推广的合作绩效产生一些负面影响。与此同时,较高的项目复杂性亦有助于强化组织邻近性与合作绩效之间的关系。具体来讲,对于那些复杂性程度较高的合作农业推广项目而言,不同类型的推广组织会寻求那些组织邻近性较强的合作伙伴。因为组织邻近性越强,基于相近的组织资源、组织结构乃至组织文化、组织制度等而形成的共同的属性逻辑越多,相关的知识和技术就可以更加容易地实现跨组织边界的转移;同时组织间的认知系统也就越相似,共同的认知逻辑就越多,就越可以在组织交互中理解对方的各种行为,这无疑可以降低项目实施风险和合作交易成本,提升彼此间的合作满意度,并为形成更为紧密、稳定的合作奠定了基础。相反,在项目复杂性程度较低的情况下,推广组织对于邻近性的要求就相对较低,为达成合作推广项目的特定目标,有时根据需要选择紧密度较低的短期合作方式也会最大限度地节约成本。基于上述分析,本研究提出以下假设:

H5:推广项目复杂性对合作绩效有直接显著的负向影响。

H6:推广项目复杂性在组织邻近性与合作绩效之间起正向调节作用,即推广项目越复杂,组织邻近性对合作绩效的正向影响越显著。

本章参考文献

[1] Kirat T, Lung Y. Innovation and proximity: territories as loci of collective learning processes[J]. European Urban & Regional Studies,

1999,6(1):27-38.

[2] Ben D. Global sourcing and innovation: the consequences of losing both organizational and geographical proximity [J]. European Planning Studies, 2007, 15(2): 271-288.

[3] 曾德明,任浩,戴海闻,等. 组织邻近和组织背景对组织合作创新地理距离的影响[J]. 管理科学,2014,27(4):12-22.

[4] Jonsson O. Innovation processes and proximity: the case of IDEON firms in Lund, Sweden [J]. European Planning Studies, 2002, 10(6): 705-722.

[5] 毛崇峰,龚艳萍,周青. 认知邻近性对横向技术标准合作的影响研究[J]. 自然辩证法研究,2012,28(9):45-49.

[6] Audretsch D. B, Feldman M. P. R&D spillovers and the geography of innovation and production[J]. The American Economic review, 1996, 86(3): 630-640.

[7] Hautala J. Cognitive proximity in international research groups [J]. Journal of Knowledge Management, 2011, 4(15): 601-624.

[8] 毛崇峰,龚艳萍,周青. 认知邻近性对纵向技术标准合作的作用分析[J]. 科技与管理,2012,14(5):35-38.

[9] Oerlemans L, Meeus M. Do organizational and spatial proximity impact on firm performance? [J]. Regional Studies, 2005, 39(1): 89-104.

[10] Knoben J, Oerlemans L. A. G. Proximity and inter-organizational collaboration: a literature review[J]. International Journal of Management Reviews, 2006, 6(2): 71-89

[11] Balland P. A. Proximity and the evolution of collaboration net-

works:evidence from research and development projects within the Global Navigation Satellite System(GNSS) industry[J]. Regional Studies,2012,46(6):741-756.

[12] 毛崇峰,龚艳萍,周青.组织间邻近性对技术标准合作绩效的影响研究——基于闪联的案例分析[J].科学管理研究,2012,30(2):104-108.

[13] Daghfous A. An empirical investigation of the roles of prior knowledge and learning activities in technology transfer[J]. Technovation, 2004,24(12):939-953.

[14] 谢志宇.产学合作绩效影响因素研究[D].杭州:浙江大学,2004.

[15] 陈伟,张旭梅.供应链中企业组织学习能力对合作绩效的影响——以知识获取为中介变量的实证研究[J].商业经济与管理,2009,214(8):36-42.

[16] Boardman P. G,Ponomariov B. L. University researchers working with private companies[J]. Technovation,2009,29(29):142-153.

[17] 曾萍,李熙.企业产学研合作倾向与效率:回顾与展望[J].石家庄学院学报,2014,16(5):59-64.

[18] Beaver D. Reflections on scientific collaboration (and its study): past,present and future[J]. Scientometrics,2001,52(3):365-377.

[19] Birnholtz J. P. When do researchers collaborate? Toward a model of collaboration propensity in science and engineering research[D]. Ann Arbor:University of Michigan,2005.

[20] 王磊.大学生合作倾向性培养的实证研究[J].高等教育研究,2011(12):93-96.

[21] 黄劲松,刘勇.中国高校研究者的产学研合作倾向研究[J].科学学

研究,2013,31(11):1649-1655.

[22] Szulanski G. Exploring internal stickiness: impediments to the transfer of best practice within the firm[J]. Strategic Management Journal, 1996,17(1):27-44.

[23] 潘文安,张红. 供应链伙伴间的信任、承诺对合作绩效的影响[J]. 心理科学,2006,29(6):1502-1506.

[24] 薛卫,易难,曹建国,等. 产学合作中组织学习中介效应的实证研究[J]. 科学学与科学技术管理,2010(4):28-35.

[25] 高启杰,姚云浩. 农业科技产学合作绩效评价研究[J]. 广东农业科学,2013,40(25):76-81

[26] Baccarini D. The concept of project complexity——a review[J]. International Journal of Project Management,1996,14(4):201-204.

[27] Schlindwein S, Ison R. Human knowing and perceived complexity: implications for systems practice[J]. Emergence: complexity & organization,2005,6(3):19-24.

[28] Vidal L. A, Marle F. Understanding project complexity: implications on project management[J]. Kybernetes,2008,37(8):1094-1110.

[29] Tatikonda M. V, Rosenthal S. R. Technology novelty, project complexity, and product development project execution success: a deeper look at task uncertainty in product innovation[J]. IEEE Transactions on Engineering Management,2000,47(1):74-87.

[30] Edmonds B. Syntactic measures of complexity[D]. Manchester: University of Manchester for the degree of doctor of philosophy,1999.

[31] Williams T. M. The need for new paradigms for complex projects[J].

International Journal of Project Management,1999,17(5):269-273.

[32] Maylor H,Vidgen R,Carver S. Managerial complexity in project-based operations: a grounded model and its implications for practice[J]. Project Management Journal,2008,39(S1):15-26.

[33] Kim J,Wilemon D. Sources and assessment of complexity in NPD projects[J]. R&D Management,2003,33(1):15-30.

[34] Xia D,Lee G. Grasping the complexity of information systems development projects:a taxonomy and assessment[J]. Communications of the ACM,2004,47(5):69-74.

[35] 吴绍艳. 工程项目的复杂性探讨[J]. 建筑经济,2009(6):22-25.

[36] Bosch-Rekveldt M,Jongkind Y,Mooi H,et al. Grasping project complexity in large engineering projects:the TOE (Technical,Organizational and Environmental) framework[J]. International Journal of Project Management,2011,29(6):728-739.

[37] 曲刚,李伯森. 软件外包项目复杂性下的交互记忆系统与知识转移[J]. 管理科学,2011,24(3):65-74.

[38] Senescu R,Aranda-Mena G,Haymaker J. Relationships between project complexity and communication[J]. Journal of Management in engineering,2013,29(2):183-197.

[39] Kardes I,Ozturk A,Cavusgil S. T,et al. Managing global megaprojects:complexity and risk management[J]. International Business Review,2013,22(6):905-917.

[40] 何清华,罗岚,陆云波,等. 项目复杂性内涵框架研究述评[J]. 科技进步与对策,2013(12):156-160.

[41] Peng D. X, Heim G. R, Mallick D. N. Collaborative product development: the effect of project complexity on the use of information technology tools and new product development practices[J]. Production and Operations Management, 2014, 23(8): 1421-1438.

[42] 高启杰，董杲. 合作农业推广中组织邻近性对合作绩效的影响[J]. 华南农业大学学报：社会科学版，2016，15(1)：10-19.

[43] Rycroft R. W, Kash D. E. The complexity challenge: technological innovation for the 21st century[M]. New York: Cassell, 1999.

第七章　问卷设计及变量测量

7.1　问卷设计

为了保证数据结果的一致性和有效性，本研究在相应指标的选取和测度方面主要参考了国内外均使用过的成熟量表，并在不改变原意的前提下结合本研究内容对题项的表述做出了适当的修改和调整。在问卷正式发放之前，首先在局部范围内针对部分农业推广组织进行了预调研，并根据调查反馈的意见结果、数据等基本情况，结合部分专家学者的建议对问卷进行了二次修改。正式的调查问卷见本书后附录。由于在实际调研中，课题组需同所调研对象进行深度访谈，在基本了解其参与的合作推广项目情况后才进行问卷发放，故工作量相对于一般调研大了许多，相对而言样本总量也不是很大。故下文所呈现的变量测度题项，均是预调研后二次修改的最终题项，同时本研究也不再呈现出预调研后的小样本测试过程及结果。

调研问卷主要包括两部分内容：第一部分主要包括被调研推

广组织及其合作推广项目的基本背景信息，如合作对象情况、具体合作方式、合作推广的技术类型等；第二部分主要是围绕具体的合作项目进行主观量表测量，包括合作双方的组织邻近性测量、合作倾向性测量、合作绩效测量以及项目复杂性测量等，这部分题项均采用了李克特5点量表来度量，1～5代表了符合程度由低到高。数字“1～5”代表了测度题项与现实状况的符合程度，数字值越小表明该测度题项与现实状况的符合程度越低，“1”表示完全不符合；“2”表示不太符合；“3”表示符合程度一般；“4”表示较为符合；“5”则表示完全符合。在实证研究中，各潜变量的得分值为其所有观测题项的算术平均值。

7.2 变量测量

7.2.1 组织邻近性变量的测量

国内外研究成果中对组织邻近性变量进行问卷调查的实证研究的并不多见，所以将组织邻近性的诸多维度分别测量的文献更是少之又少。本研究基于 Torre & Gilly(2000)、Boschma (2005)、Knoben & Oerlemans(2006)等学者的研究结论以及 Geldes et al (2015)的非空间维度邻近性测度量表，立足于我国合作农业推广的实践状况，并在推广领域的相关专家指导修正后，最终确定了组织邻近性变量的两维度测度量表，如表 7-1 所示。

表 7-1 组织邻近性两维度测度量表

变量	题 号		测度题项
组织邻近性的属性逻辑维度	组织资源邻近	ZY1	双方金融资源拥有量相近
		ZY2	双方物质资源拥有量相近
		ZY3	双方人力资源(数量、质量、带头人)拥有量相近
		ZY4	双方推广的渠道资源拥有量相近
	组织结构邻近	JG1	双方组织的管理幅度(一个主管有效指导下属的数量)较为相近
组织邻近性的认知逻辑维度	组织关系邻近	GX1	双方存在着特殊的关系历史或曾经保持过较为长久的合作关系
		GX2	组织内的关键成员与合作方有着较为紧密的关系
	组织认知邻近	RZ1	双方在合作目标、前景上总保持一致
		RZ2	双方可较好地理解对方的行为,接受其处事方式
		RZ3	双方有较为相似的价值观念和利益取向

7.2.2 合作倾向性变量的测量

在参考了 Birnholtz(2005)提出的合作倾向性量表以及 McAllister(1995)等提出的信任测量量表的基础上,本研究设计出了合作倾向性变量的测度题项。其中合作信任维度主要包括了认知信任和情感信任两方面,其相应的测度题项为 QXX1 和 QXX2。合作互惠维度强调了那些在履行角色承诺基础上主动帮助合作方的行为,其相应的测度题项为 QXX3。合作包容维度特别强调了双方积极的冲突化解行为,其相应的测度题项为 QXX4。具体的测度题项见表 7-2。

表 7-2　合作倾向性变量的测度量表

变 量	题号	测 度 题 项
合作倾向性	QXX1	双方均认可对方在其领域内的综合实力
	QXX2	双方均相信对方可以公正地处理各种合作事宜(即认可彼此声誉)
	QXX3	双方在合作中可以主动履行自身的责任,并帮助对方解决问题
	QXX4	双方采用积极的态度和方式来解决相互间的冲突

7.2.3　项目复杂性变量的测量

在参考了 Xia & Li(2004)、Vidal & Marle(2008)等提出的项目复杂性测度量表以及 Rycroft & Kash(1999)提出的技术复杂性测度量表的基础上,本研究结合我国合作农业推广的实践状况,最终确定了项目复杂性的三维度测度量表,见表 7-3。

表 7-3　项目复杂性三维度测度量表

变 量	题号	测 度 题 项
技术复杂性	JS1	合作推广所需的配套设备、工具等资源很多
	JS2	合作推广中的技术流程与标准非常复杂和精细
	JS3	合作推广中涉及很多不同技术领域的组织
	JS4	合作推广的技术内容更新换代的速度很快
环境复杂性	HJ1	地方有关农业推广的政策法规不利于合作农业推广项目的开展
	HJ2	在合作推广项目实施中,地方相关的政策法规出现了很大程度的变化
	HJ3	推广服务对象对合作推广项目并不支持
	HJ4	推广的竞争对手对于合作推广项目有很大影响
	HJ5	用户相关的技术需求难以预测
组织间交互复杂性	JH1	各方推广合作经验较少
	JH2	合作各方彼此间信息传递不畅
	JH3	合作推广要求各方必须保持全程实时的沟通与交流

7.2.4 合作绩效变量的测量

根据前文表 5-1 所构建的合作农业推广绩效评价指标体系,本研究在实际调研过程中也采取了主客观相结合的方式对推广合作绩效进行了调研,但由于所属产业类型、技术类型、推广阶段等方面存在着诸多差异,且在实际调研中所获取的客观数值也存在着一定的误差,从 60 份预调研的数据处理结果来看,客观绩效各变量与其他变量之间并没有呈现出明显的统计规律性,例如从散点图 7-1 可知客观绩效中的推广度与组织邻近性的属性逻辑之间并不存在任何关联性。

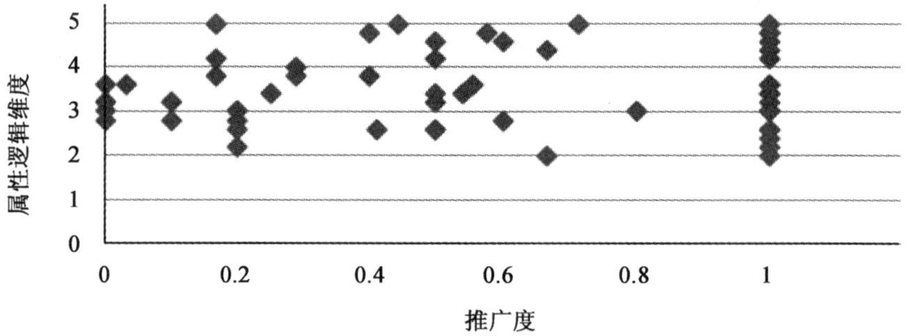

图 7-1　组织邻近性的属性逻辑维度与推广度的散点图分布

因此在组织邻近性对合作农业推广绩效影响的实证研究中,基于李玲(2011)、李随成、杨婷(2007)等提出的测度量表,本研究对合作绩效变量的测度主要选取了合作推广目标达成、合作满意度、合作成本费用降低,以及合作主体能力提升 4 个方面,有重点地衡量了合作绩效的内涵。这 4 个变量均是主观测量项,具体测度题项见表 7-4。其中,JX1 反映了合作项目的完成程度;JX2 反映了合作主体的满意程度;JX3 反映了成本费用的降低程度等;JX4 则反映了推广合作主体能力提升情况。该主观合作绩效测度量表较为充分地考虑了合作绩效本身的主要测度范畴,即合作推广项目的目标实现情况,组织间满意情况,以及推广组织可持续发展情况等。

表 7-4 合作绩效变量的测度量表

变 量	题号	测 度 题 项
合作绩效	JX1	合作的预期目标基本实现
	JX2	双方愿意继续长期合作下去
	JX3	合作提升了双方的推广效率,节约了相关的成本费用
	JX4	合作使双方的学习能力(包括知识技术的识别、吸收、整合、应用)和创新能力有了较好的提升

7.2.5 控制变量的设置

本研究除了组织邻近性、合作倾向性、项目复杂性和合作绩效 4 个主要的潜变量之外,分析结果还有可能会受到其他控制变量的影响,因此还有必要考察控制变量的影响作用。

参考国内外学者的研究成果可以发现,一般说来,组织间地理越邻近,越有利于隐性知识的传播和扩散,并推动组织间良好合作关系的建立,而地理距离造成的信息不对称,可能导致推广组织无法全面掌握合作对象的情况,导致推广合作目标和绩效无法达成。但同时,地理邻近性并不是在推广知识生产和交互中的唯一影响因素,地理邻近性在特殊场合下也会失效,例如,地理上的邻近可以引起无意识的知识溢出,并在本地紧张压力下形成不信任的环境,在这一特殊情况下,推广组织成员将面临知识占用问题,集群将出现不稳定性和脆弱性(Carrincazeaux et al,,2008)。基于此,本研究选择地理邻近程度作为控制变量(同省同市取值为1,同省不同市取值为2,不同省取值为3)。

本章参考文献

[1] Torre A,Gilly J. P. On the analytical dimension of proximity dynamics[J]. Regional Studies,2000,34(2):169-180.

[2] Boschma R. A. Proximity and innovation:a critical assessment[J]. Regional Studies,2005,39(1):61-74.

[3] Knoben J,Oerlemans L. A. G. Proximity and inter-organizational collaboration:a literature review[J]. International Journal of Management Reviews,2006,6(2):71-89.

[4] Geldes C,Felzensztein C,Turkina E,et al. How does proximity affect interfirm marketing cooperation? A study of an agribusiness cluster[J]. Journal of Business Research,2015,68(2):263-272.

[5] Birnholtz J. P. When do researchers collaborate? Toward a model of collaboration propensity in science and engineering research[D]. Ann Arbor:University of Michigan,2005.

[6] McAllister D. Affect and cognition-based trust as foundations for interpersonal cooperation in organizations[J]. Academy of Management Journal,1995,38(1):24-59.

[7] Xia D,Lee G. Grasping the complexity of information systems development projects:a taxonomy and assessment[J]. Communications of the ACM,2004,47 (5):69-74.

[8] Vidal L. A,Marle F. Understanding project complexity:implications on project management [J]. Kybernetes,2008,37(8):1094-1110.

[9] Rycroft R. W,Kash D. E. The complexity challenge:technological innovation for the 21st century[M]. New York:Cassell,1999.

[10] 李玲. 技术创新网络中企业间依赖、企业开放度对合作绩效的影响[J]. 南开管理评论,2011,14(4):16-24.

[12] 李随成,杨婷. 研发合作企业间知识共享与合作绩效的关系[J]. 科技进步与对策,2007,24(10):180-184.

[13] Carrincazeaux C,Lung Y,Vicente J. The scientific trajectory of the french school of proximity:Interaction- and Institution-based approaches to regional innovation systems[J]. European Planning Studies,2008,5 (16):617-828.

第八章　样本描述及假设检验

围绕前面章节的理论推演和所提出的理论假设，本章将重点围绕组织邻近性对农业推广合作绩效的影响机制进行实证研究。本章节主要包括4个部分：第一部分主要介绍了样本数据收集的方法、样本特征以及主要变量的描述性统计；第二部分主要是进行样本的相关性分析以及信度、效度检验；第三部分主要是验证合作倾向性变量的中介效应，并进一步利用结构方程构建起组织邻近性、合作倾向性与合作农业推广绩效间的路径关系模型（中介模型）；第四部分则是对组织邻近性与合作农业推广绩效的关系作层次回归分析，以研究推广项目复杂性这一情境变量在组织邻近性与合作农业推广绩效关系中的调节作用。

8.1　数据收集

在数据收集之前，必须首先围绕研究主题确定调查研究的对象。本研究主要针对行政型、教育型、科研型、企业型和自助型这5种类型的农业推广组织，并以其近年内参与的合作推广项目为依托进行实地问卷调查，在获取样本数据的基础上进一步探讨合作农业推广中组织邻近性对合作绩效的影响。

在明确研究对象后，下一步就进入数据收集阶段。由于本课题研究的是我国合作农业推广的实践情况，因此为得到更为一般性的结论，调研区域需尽可能多地覆盖到我国东中西部的省份。出于此考虑，课题组于 2012 年 9 月份至 2015 年 10 月份前往山东、广东、云南、安徽、北京等 16 省(市、区)，主要采用便利抽样法，利用课题组在农业推广界的广泛联系，通过重点推广组织走访的形式，对不同类型推广组织及其部分合作单位的主要负责人进行了深度访谈和问卷调查，共获得问卷 121 份，其有效回收率为 100%。

8.2 样本特征

本节的样本特征分析主要包括区域、产业、地理邻近程度、推广组织类型、合作模式、合作技术类型以及建立合作关系时长 7 个方面。

8.2.1 调查样本的区域分布

根据表 8-1 的统计结果，调查样本的区域分布涉及了全国 16 省(市、区)。进一步划分，其中东部地区的样本数为 70 份，占样本总数的 57.8%；中部地区的样本数为 25 份，占样本总数的 20.7%；西部地区的样本数为 20 份，占样本总数的 16.5%；东北地区的样本数为 6 份，占样本总数的 5%，故调查样本具有一定的普遍性和代表性。

表 8-1　调查样本的区域分布情况(N=121)

统计内容	省份	样本数/个	百分比/%	省份	样本数/个	百分比/%
区域	山东省	30	24.8	广东省	28	23.1
	云南省	14	11.6	安徽省	11	9.1
	北京市	9	7.4	山西省	7	5.7
	四川省	4	3.3	辽宁省	3	2.5
	黑龙江省	3	2.5	湖南省	3	2.5
	河北省	2	1.7	湖北省	2	1.7
	河南省	2	1.7	江苏省	1	0.8
	甘肃省	1	0.8	内蒙古	1	0.8

8.2.2　调查样本的产业分布

根据表 8-2 的统计结果,被调研的合作农业推广项目,涉及不同的农业产业类型,主要包括种植业、畜牧业、林果业(包括树林、园林、果木、花卉)、水产业和其他产业(指除种植业、畜牧业、林果业、水产业外的产业类型)5 大类,以上各产业类型分别占样本总数的 71.9%、9.1%、12.4%、4.9%和 1.7%。调查样本所涉及的农业产业类型以种植业为主,较为符合现实中的农业生产发展状况。

表 8-2　调查样本涉及产业的分布情况(N=121)

统计内容		样本数/个	百分比/%
涉及产业类型	种植业	87	71.9
	畜牧业	11	9.1
	林果业	15	12.4
	水产业	6	4.9
	其他	2	1.7

8.2.3　调查样本中合作主体的地理邻近程度分布

根据表 8-3 的统计结果，在所调研的 121 个合作推广项目中，与被调查推广组织进行合作的对象，处于同省同市的有 29 个，占样本总数的 24.0%；处于同省不同市的有 61 个，占样本总数的 50.4%；处于不同省有 31 个，占样本总数的 25.6%。调查样本中合作推广两主体间的地理邻近程度以中度邻近（同省不同市）为主。

表 8-3　调查样本中合作主体的地理邻近程度分布情况（$N=121$）

统计内容		样本数/个	百分比/%
地理邻近程度	同省同市	29	24.0
	同省不同市	61	50.4
	不同省	31	25.6

8.2.4　调查样本的组织类型分布

根据表 8-4 的统计结果，被调研的农业推广组织类型涉及行政型、教育型、科研型、企业型和自助型 5 大类，分别占样本总数的 19.0%、18.2%、12.4%、32.2%和 18.2%。由于具有推广职能的涉农企业在推广实践中存在广泛的合作行为，是我们实地调研访谈的重点对象，故其相较于其他类型推广组织样本所占比重略高。

表 8-4 调查样本的组织类型分布情况($N=121$)

统计内容		样本数/个	百分比/%
推广组织类型	行政型	23	19.0
	教育型	22	18.2
	科研型	15	12.4
	企业型	39	32.2
	自助型	22	18.2

8.2.5 调查样本的合作模式分布

根据表 8-5 的统计结果,在所有的调查样本中,“行政型+科研型”“行政型+企业型”“行政型+自助型”“企业型+教育型”“企业型+科研型”这 5 种组织合作模式出现频率最高,共占样本总数的 75.1%。进一步地计算,在所调研的所有 121 个合作农业项目中,有行政型农业推广组织参与的项目数为 59 个,占样本总数的 48.8%。有企业型农业推广组织参与的项目数为 67 个,占样本总数的 55.4%。通过对比表 8-4 调查样本的组织类型分布情况,可以发现具有推广职能的涉农企业,以及政府设置的行政型农业推广机构在推广实践中确实存在着广泛的合作行为,是农业推广非常重要的两股力量。

表 8-5　调查样本合作模式分布情况($N=121$)

统计内容		样本数/个	百分比(%)
合作类型	行政型+教育型(或教育型+行政型)	8	6.7
	行政型+科研型(或科研型+行政型)	16	13.2
	行政型+企业型(或企业型+行政型)	18	14.9
	行政型+自助型(或自助型+行政型)	17	14.0
	企业型+教育型(或教育型+企业型)	24	19.8
	企业型+科研型(或科研型+企业型)	16	13.2
	企业型+自助型(或自助型+企业型)	9	7.5
	教育型+科研型(或科研型+教育型)	5	4.1
	自助型+教育型(或教育型+自助型)	4	3.3
	自助型+科研型(或科研型+自助型)	4	3.3

8.2.6　调查样本的合作技术类型分布

根据表 8-6 的统计结果，在所有的调查样本中，合作推广物品本身具有公共技术、准公共技术和私人技术属性的样本分别占样本总数的 65.3%、24.0%和 10.7%，较为符合现今我国以公益性农业技术推广为主的现实状况。

表 8-6　调查样本合作技术类型分布情况($N=121$)

统计内容		样本数/个	百分比/%
合作技术类型	公共技术	79	65.3
	准公共技术	29	24.0
	私人技术	13	10.7

8.2.7 调查样本中合作主体建立合作关系时长分布

根据表 8-7 的统计结果,在所有的调查样本中,被调研推广组织与合作对象建立合作关系的时长在 1～5 年的有 75 个,占样本总数的 62.0%;6～10 年的有 31 个,占样本总数的 25.6%;11 年及以上的有 15 个,占样本总数的 12.4%。在被调研的推广主体中,选择建立合作关系时间在 5 年以下作为合作对象的占到一半以上,较为符合现今我国农业推广刚刚形成多元化合作雏形的阶段性状况。

表 8-7 调查样本中合作主体建立合作关系时长分布情况(N=121)

统计内容		样本数/个	百分比/%
建立合作关系时长	1～5 年	75	62.0
	6～10 年	31	25.6
	11 年及以上	15	12.4

8.3 样本描述性统计

8.3.1 组织邻近性分量表的描述性统计

表 8-8 列出了本研究用于衡量合作农业推广组织间组织邻近性的 10 个测度题项以及它们的平均值和标准差。可以看出在样本中,组织邻近性的各测度题项表现出了较高水平,得分均值均超过了 3.42,尤其是测度认知邻近的 3 个题项,即"双方在合作目标、

前景上总保持一致”“双方可较好地理解对方的行为，接受其处事方式”“双方有较为相似的价值观念和利益取向”得分均超过了4分。可以认为在所调查的121个合作农业推广项目中，合作主体间的组织邻近性程度较高。

表8-8　组织邻近性分量表的描述性统计

测度题项	均值	标准差
ZY1：双方金融资源拥有量相近	3.42	1.109
ZY2：双方物质资源拥有量相近	3.50	1.073
ZY3：双方人力资源（数量、质量、带头人）拥有量相近	3.48	1.111
ZY4：双方推广的渠道资源拥有量相近	3.54	0.992
JG1：双方组织的管理幅度（一个主管有效指导下属的数量）较为相近	3.69	0.864
GX1：双方存在着特殊的关系历史或曾经保持过较为长久的合作关系	3.59	1.160
GX2：组织内的关键成员与合作方有着较为紧密的关系	3.85	1.093
RZ1：双方在合作目标、前景上总保持一致	4.07	0.838
RZ2：双方可较好地理解对方的行为，接受其处事方式	4.19	0.745
RZ3：双方有较为相似的价值观念和利益取向	4.07	0.793

8.3.2　合作倾向性分量表的描述性统计

表8-9列出了本研究用于衡量合作农业推广组织间合作倾向性的4个测度题项以及他们的平均值和标准差。可以看出4个合作倾向性测度题项的均值都大于4，显示出较高的水平，说明在所调查的121个合作农业推广项目中，合作主体彼此间的合作倾向性程度较高。

表 8-9　合作倾向性分量表的描述性统计

测 度 题 项	均值	标准差
QXX1：双方均认可对方在其领域内的综合实力	4.23	0.739
QXX2：双方均相信对方可以公正地处理各种合作事宜(即认可彼此声誉)	4.24	0.764
QXX3：双方在合作中可以主动履行自身的责任，并帮助对方解决问题	4.03	0.836
QXX4：双方采用积极的态度和方式来解决相互间的冲突	4.12	0.858

8.3.3　项目复杂性分量表的描述性统计

表 8-10 列出了本研究用于衡量合作农业推广项目复杂性的 12 个测度题项以及它们的平均值和标准差。从总体看，有 10 个项目复杂性的测度题项均值都处于 2～3，说明所调查的 121 个合作农业推广项目的复杂性程度处于一般偏下水平，即样本项目具有较低的复杂性。此外，在 12 个测度题项中，有关技术复杂性的 4 个测度题项(JS1～JS4)均值水平最高，可以反映出在样本项目中，技术复杂性程度比环境复杂性和组织间交互复杂性程度更高。

8.3.4　合作绩效分量表的描述性统计

表 8-11 列出了本研究用于衡量合作农业推广组织间合作绩效的 4 个测度题项以及它们的平均值和标准差。可以看出 4 个合作绩效测度题项的均值显示出较高的水平，说明在所调查的 121 个合作农业推广项目中，合作主体彼此间的合作绩效水平较高。但是"合作的预期目标基本实现"这一测度题项的均值较于其他 3 个题项低了许多，在一定程度上反映出合作推广项目的实际进展与预期目标还有一定的差距。

表 8-10　项目复杂性分量表的描述性统计

测度题项	均值	标准差
JS1:合作推广所需的配套设备、工具等资源很多	3.03	1.056
JS2:合作推广中的技术流程与标准非常复杂和精细	3.17	0.901
JS3:合作推广中涉及很多不同技术领域的组织	2.84	0.957
JS4:合作推广的技术内容更新换代的速度很快	2.93	0.932
HJ1:地方有关农业推广的政策法规不利于合作农业推广项目的开展	2.08	1.013
HJ2:在合作推广项目实施中,地方相关的政策法规出现了很大程度的变化	2.45	0.894
HJ3:推广服务对象对合作推广项目并不支持	2.12	0.868
HJ4:推广的竞争对手对于合作推广项目有很大影响	2.57	0.929
HJ5:用户相关的技术需求难以预测	2.58	0.929
JH1:各方推广合作经验较少	2.31	0.817
JH2:合作各方彼此间信息传递不畅	2.36	1.015
JH3:合作推广要求各方必须保持全程实时的沟通与交流	2.69	0.930

表 8-11　合作绩效分量表的描述性统计

测度题项	均值	标准差
JX1:合作的预期目标基本实现	3.92	0.770
JX2:双方愿意继续长期合作下去	4.37	0.672
JX3:合作提升了双方的推广效率,节约了相关的成本费用	4.17	0.727
JX4:合作使双方的学习能力(包括知识技术的识别、吸收、整合、应用)和创新能力有了较好的提升	4.07	0.798

8.4　信度与效度检验

对于回归模型、结构方程模型而言,必须首先通过信度检验和效度检验,以考察各观测变量的一致性程度和有效性程度,这是保证潜变量之间理论关系存在的重要条件。因此，本节的任务是对组织邻近性、合作倾向性、项目复杂性和合作绩效4个主要变量进行信度检验和效度检验。本研究的信度检验主要是进行内部一致性检验，而效度检验则从两个方面进行，即内容效度检验和建构效度检验。

8.4.1 信度检验

对于量表而言，信度是极为重要的技术性指标。信度指的是测量结果的一致性或稳定性，也就是研究者对于相同的或相似的现象（或群体）进行不同的测量（不同形式的或不同时间的），其所得的结果一致的程度（荣泰生，2009）。根据测量的时点、工具等的不同，测量信度的方法一般包括内在一致性信度测量和复本信度测量。

本研究主要采用内在一致性的信度测量方法。现今学界内的专题研究，特别是在单一因子内，测量内在一致性最为普遍使用的指标便是Cronbach's α 系数值。这一系数值在0～1之间变化，当在某一建构变量下，其度量题项的Cronbach's α 系数值大于0.7，表示其内在一致性效果良好，也就是说属于高信度，这一标准也为学者们所普遍认可。因此，本研究将以Cronbach's α 系数值是否大于0.7，以及每一测度题项若已删除的Cronbach's α 系数值均小于整个分量表的Cronbach's α 系数值作为信度测量的主要考核标准。

8.4.1.1 组织邻近性量表的信度检验

表 8-12 显示的是对组织邻近性分量表的信度分析结果，可以看出测量组织邻近性的 10 个题项内部一致性系数值 Cronbach's α 为 0.856，远高于 0.7 的可接受标准，并且 10 个测度题项若已删除的 Cronbach's α 均小于 0.856，故此分量表属于高信度。

表 8-12 组织邻近性量表的信度分析结果

	题项	题项若已删除的 Cronbach's α	Cronbach's α
组织邻近性	ZY1	0.841	0.856
	ZY2	0.840	
	ZY3	0.839	
	ZY4	0.845	
	JG1	0.839	
	GX1	0.854	
	GX2	0.846	
	RZ1	0.844	
	RZ2	0.838	
	RZ3	0.844	

8.4.1.2 合作倾向性量表的信度检验

表 8-13 显示的是对合作倾向性分量表的信度分析结果，可以看出测量合作倾向性的 4 个题项内部一致性系数值 Cronbach's α 为 0.892，远大于 0.7 的可接受标准，并且 4 个测度题项若已删除的 Cronbach's α 均小于 0.892，故此分量表属于高信度。

表 8-13　合作倾向性量表的信度分析结果

	题项	题项若已删除的 Cronbach's α	Cronbach's α
合作倾向性	QXX1	0.865	0.892
	QXX2	0.838	
	QXX3	0.861	
	QXX4	0.882	

8.4.1.3　项目复杂性量表的信度检验

表 8-14 显示的是对项目复杂性分量表的信度分析结果,可以看出测量项目复杂性的 12 个题项内部一致性系数值 Cronbach's α 为 0.856,远大于 0.7 的可接受标准,并且 12 个测度题项若已删除的 Cronbach's α 均小于 0.856,故此分量表属于高信度。

表 8-14　项目复杂性量表的信度分析结果

	题项	题项若已删除的 Cronbach's α	Cronbach's α
项目复杂性	JS1	0.849	0.856
	JS2	0.845	
	JS3	0.844	
	JS4	0.835	
	HJ1	0.852	
	HJ2	0.844	
	HJ3	0.847	
	HJ4	0.844	
	HJ5	0.839	
	JH1	0.843	
	JH2	0.847	
	JH3	0.844	

8.4.1.4　合作绩效量表的信度检验

表 8-15 显示的是对合作绩效分量表的信度分析结果，可以看出测量合作绩效的 4 个题项内部一致性系数值 Cronbach's α 为 0.801，远大于 0.7 的可接受标准，并且 4 个测度题项若已删除的 Cronbach's α 均小于 0.801，故此分量表属于高信度。

表 8-15　合作绩效量表的信度分析结果

	题项	题项若已删除的 Cronbach's α	Cronbach's α
合作绩效	JX1	0.774	0.801
	JX2	0.722	
	JX3	0.691	
	JX4	0.800	

8.4.2　效度检验

效度检验的目的在于一方面保证该测量工具是在测量其所要探讨的构念(construct)，而非其他；另一方面则是检验该测量工具是否能正确地测量出该构念。前者实为检验内容效度，也就是指测量工具能否覆盖到它所要测量的某一构念的各个层面；后者则为检验建构效度，指测量工具能够测量理论构念的程度。本研究效度检验也主要从这两个方面进行。

内容效度是指测量量表是否可以涵盖它所要测量的某一构念的全部层面。本研究的测度量表大多是在国内外学者实证研究基础上形成的。相应测度指标的选取和测度题项的设置主要参考了国内外均使用过的成熟量表，并在不改变原意的前提下结合本研究内容对题项的表述做出了适当的修改和调整。在问卷正式发放之前，首先在局部范围内对部分推广组织进行了预调研，并根据反馈的意见结果、数据基本情况，结合部分专家学者的建议对问卷进行了二次修改。基于以上步骤，可以认为本研究所采用的量表具有较高的内容效度。因此本节的重点在于对量表建构效度的分析。

建构效度分为收敛效度和区别效度。荣泰生(2009)指出，收敛效度所探讨的是周延性的问题，即要求对原理论建构的充分了解，而区别效度所探讨的是排他性的问题，即将不相关的理论建构排除在外。一般来讲，用来检验建构效度的标准包括两个方面：一方面是观察各题项在建构变量上的负荷情况，需要各题项的因子负荷量大于0.5；另一方面则是利用结构方程模型常用的拟合指数来检验模型本身的拟合情况。因此，对建构效度的分析主要是通过探索性因子分析和验证性因子分析共同来进行的。

8.4.2.1 探索性因子分析

本研究通过探索性因子分析可以去掉一些因素负荷量较低的观测题项，从而分析出所建构变量的内在结构，具体来讲包括获得各测度题项对其相应的建构变量的因子负荷量以及主要因素对于建构变量的累积方差解释量。本研究的探索性因子分析，主要是通过主成分分析法来实现的，而选取共同因子转轴的方法则选用了最大方差正交转轴法。吴明隆(2010)认为，在社会科学领域中，所萃取的共同因素累计解释变异量在50%以上，因素分析的结果是可以接受的。基于此，本研究在提取主成分时所遵循的原则是：

首先限定特征值大于1,同时提取的因子至少能累计解释50%以上的变异量。如若限定特征值大于1所提取的因子不能累计解释50%以上的变异量,则加大提取因子的个数,直到提取的因子至少能累计解释50%的变异量为止。根据陈顺宇(2004)、吴明隆(2010)等学者的观点,在因子分析程序中,因子负荷量的挑选准则应与样本大小相对应,当样本量在120～150时,因子负荷量的挑选标准最好在0.5以上。因此为保证统计的严谨性,在本研究的探索性因子分析中,以因子负荷量大于0.5作为保留题项的标准。此外,检验当前因子分析的样本量适当性量数指标KMO(Kaiser-Meyer-Olkin),根据Kaiser & Rice(1974)的观点,也应当至少在0.6以上。

(1)对组织邻近性的探索性因子分析。本研究通过SPSS20.0软件对组织邻近性的10个题项进行因子分析,表8-16显示了旋转后的因子提取结果。首先,KMO为0.843,Bartlett球体检验的近似卡方值为480.013,自由度为45,卡方统计值的显著性水平为0.000,小于0.001,表明各指标之间具有较高的相关性,数据适合进行因子分析。

在限定特征值大于1的前提下提取的两个因子可以累积解释58.539%的变异量,高于所设定的50%的标准,且分量表的一致性系数值Cronbach's α 分别为0.823和0.790,均具有较高的信度。具体来讲,从旋转后的因子负荷矩阵来看,组织邻近性的10个测度题项均负载在2个提取因子上。第一个提取因子中,5个题项的因子负荷量均大于0.5,根据4.2节的理论分析将其命名为组织邻近性的属性逻辑维度。第二个提取因子中,5 个题项的因子负荷量也均大于 0.5,根据 4.2 节的理论分析将其命名为组织邻近性的认知逻辑维度。因此对变量组织邻近性进行因子分析可以提取两个主成分因子:组织邻近性的属性逻辑维度和认知逻辑维度,说明前文理论分析中对组织邻近性变量应从属性逻辑和认知逻辑两个维度进行讨论是较为合适的。但组织邻近性分量表是否具备很高的建构效度,还需进行进一步地验证性因子分析。

表 8-16　旋转后的组织邻近性变量因子提取结果

新因子名称	题项	1	2
1. 组织邻近性的属性逻辑维度	ZY2	0.852	
	ZY1	0.788	
	ZY3	0.702	
	ZY4	0.666	
	JG1	0.624	
2. 组织邻近性的认知逻辑维度	GX2		0.777
	RZ2		0.758
	RZ1		0.735
	GX1		0.684
	RZ3		0.606
Cronbach's α		0.823	0.790
解释变异量/%		45.219	13.320
累计解释变异量/%		58.539	
KMO		0.843	
Bartlett 的球体检验	近似卡方	480.013	
	df	45	
	Sig.	0.000	

(2)对合作倾向性的探索性因子分析。通过 SPSS20.0 软件对合作倾向性的 4 个题项进行因子分析，表 8-17 中显示了因子提取的结果。KMO 为 0.786，Bartlett 球体检验的近似卡方值为 304.369，自由度为 6，卡方统计值的显著性水平为 0.000，小于 0.001，表明各指标之间具有较高的相关性，数据适合进行因子分析。

从合作倾向性的因子负荷矩阵来看，4 个测度题项紧密地负载在 1 个因子上，解释变异量的比例为 76.065%，4 个题项的因子负荷量也均远高于 0.5 的标准，可以认为合作倾向性分量表具备很高的建构效度。

表 8-17　合作倾向性变量因子提取结果

因子名称	题项	因子负荷量
合作倾向性	QXX2	0.915
	QXX1	0.870
	QXX3	0.868
	QXX4	0.833
累积解释变异量/%		76.065
KMO		0.786
Bartlett 的球体检验	近似卡方	304.369
	df	6
	Sig.	0.000

(3)对项目复杂性的探索性因子分析。本研究通过 SPSS20.0 软件对组织邻近性的 10 个题项进行因子分析，表 8-18 显示了旋转后的因子提取结果。首先，KMO 为 0.818，Bartlett 球体检验的近

似卡方值为 580.580,自由度为 66,卡方统计值的显著性水平为 0.000,小于 0.001,表明各指标之间具有较高的相关性,数据适合进行因子分析。

表 8-18　旋转后的项目复杂性变量因子提取结果

新因子名称	题项	1	2	3
1.环境复杂性	HJ1	0.765		
	HJ4	0.751		
	HJ2	0.713		
	HJ5	0.645		
	HJ3	0.567		
2.技术复杂性	JS1		0.845	
	JS2		0.809	
	JS3		0.773	
	JS4		0.689	
3.组织间交互复杂性	JH2			0.835
	JH1			0.788
	JH3			0.589
Cronbach's α		0.790	0.834	0.739
解释变异量/%		39.172	15.485	9.638
累计解释变异量/%		64.295		
KMO		0.818		
Bartlett 的球体检验	近似卡方值	580.580		
	d*f*	66		
	Sig.	0.000		

在限定特征值大于 1 的前提下提取的 3 个因子可以累积解释 64.295％的变异量，高于所设定的 50％的标准，且分量表的一致性系数值 Cronbach’s α 分别为 0.790、0.834 和 0.739，均具有较高的信度。具体来讲，从旋转后的因子负荷矩阵来看，项目复杂性的 12 个测度题项均负载在 3 个提取因子上。第一个提取因子中，5 个题项的因子负荷量均大于 0.5，根据 6.3 节的理论分析将其命名为项目复杂性的环境复杂性维度；第二个提取因子中，4 个题项的因子负荷量也均大于 0.5，根据 6.3 节的理论分析将其命名为项目复杂性的技术复杂性维度；第三个提取因子中，3 个题项的因子负荷量也均大于 0.5，根据 6.3 节的理论分析将其命名为项目复杂性的组织间交互复杂性维度。因此对变量项目复杂性进行因子分析可以提取 3 个主成分因子：环境复杂性维度、技术复杂性维度和组织间交互复杂性维度，说明前文理论分析中对项目复杂性变量应从技术复杂性、环境复杂性和组织间交互复杂性 3 个维度进行讨论是较为合适的。但项目复杂性分量表是否具备很高的建构效度，还需进行进一步地验证性因子分析。

（4）对合作绩效的探索性因子分析。通过 SPSS20.0 软件对合作绩效的 4 个题项进行因子分析，表 8-19 显示了因子提取的结果。KMO 为 0.743，Bartlett 球体检验的近似卡方值为 167.703，自由度为 6，卡方统计值的显著性水平为 0.000，小于 0.001，表明各指标之间具有较高的相关性，数据适合进行因子分析。

从合作绩效的因子负荷矩阵来看，4 个测度题项紧密地负载在

1个因子上,解释变异量的比例为63.692%,4个题项的因子负荷量也均远高于于0.5的标准值,可以认为合作绩效分量表具备很高的建构效度。

表 8-19 合作绩效变量因子提取结果

因子名称	题项	因子负荷量
合作绩效	JX3	0.872
	JX2	0.841
	JX1	0.772
	JX4	0.694
累积解释变异量(%)		63.692
KMO		0.743
Bartlett的球体检验	近似卡方值	167.703
	d*f*	6
	Sig.	0.000

8.4.2.2 验证性因子分析

基于以上探索性因子分析的结果,本研究还需要进一步对具有多因子结构的变量进行验证性因子分析,以检验多因子结构对建构变量的拟合效果。本节所考察的建构变量主要是指组织邻近性和项目复杂性,而不包括合作倾向性和合作绩效,这是因为后两者中只包含了一个因子,并且在前文的检验中其所包含的观测题项的因子负荷量均大于0.5,均具有较好的建构效度。

在验证性因子分析中,对建构变量的拟合进行检验的指标较多,但仍未有一个单一的指数可以用来全面地反映模型的拟合优度。根据前人的研究经验,本研究主要选用了以下几项常用的拟合指标来判断建构变量的拟合优度:CMIN/DF、SRMR、RMSEA、CFI、IFI、TLI。本研究的验证性因子分析主要借助 SPSS AMOS 20.0 软件来进行,具体的判断标准如表 8-20 所示。

表 8-20 模型拟合指标判断标准

<table>
<tr><th colspan="2">拟合指标</th><th>判断标准</th></tr>
<tr><td rowspan="3">绝对拟合度指标</td><td>CMIN/DF(卡方与自由度之比)</td><td>小于或等于 3,表示模型拟合度较好</td></tr>
<tr><td>SRMR</td><td>小于或等于 0.08,表示模型拟合度较好</td></tr>
<tr><td>RMSEA</td><td>小于或等于 0.10,表示模型拟合度较好</td></tr>
<tr><td rowspan="3">增值拟合度指标</td><td>CFI(相对拟合度指标)</td><td>大于或等于 0.90,表示模型拟合度较好</td></tr>
<tr><td>IFI(增量拟合度指标)</td><td>大于或等于 0.90,表示模型拟合度较好</td></tr>
<tr><td>TLI(Tucker-Lewis 指标)</td><td>大于或等于 0.90,表示模型拟合度较好</td></tr>
</table>

(1)组织邻近性变量的验证性因子分析。表 8-21 和表 8-22 分别显示了组织邻近性分量表的模型拟合指标和验证性因子分析的结果。根据表 8-21 可以看出,模型卡方与自由度之比为 2.117,SRMR 为 0.068,RMSEA 为 0.096,CFI 为 0.916,IFI 为 0.918,TLI 为 0.889,除 TLI 外均达到了表 8-20 所列的判断标准。但是 TLI 为 0.889,接近于 0.9 的标准值,因此从总体上来讲,组织邻近性这一变量的建构具有较好的拟合度。

表 8-21 组织邻近性模型拟合指标

CMIN/DF	SRMR	RMSEA	CFI	IFI	TLI
2.117	0.068	0.096	0.916	0.918	0.889

从因子负荷量的角度来看,表8-22显示了组织邻近性10个观测项目在组织邻近性变量两个因子上的整体负荷情况。各个观测题项除GX1外,在相应因子上的负荷量都大于了0.5。由于GX1的因子负荷量为0.49,近似于0.5,因此可以予以保留。此外属性逻辑维度和认知逻辑维度间的相关系数为0.651,在$p<0.001$水平上显著相关。综上,组织邻近性这一建构变量具有良好的建构效度。图8-1则直观反映了组织邻近性变量验证性因子分析的路径结果。

表8-22 组织邻近性变量的验证性因子分析

路径关系	标准化因子负荷量	*C.R.*	*p*
JG1	0.679	—	—
ZY4	0.611	5.835	***
ZY3	0.690	6.489	***
ZY2	0.782	7.148	***
ZY1	0.729	6.784	***
RZ3	0.724	—	—
RZ2	0.861	8.289	***
RZ1	0.712	7.180	***
GX2	0.573	5.812	***
GX1	0.486	4.933	***

注:$p<0.001$,用***表示。

(2)项目复杂性变量的验证性因子分析。根据荣泰生(2009)的观点,可以根据模型的修正指数(Modification Indices)建议,在一些理论上具有相关关系的误差项之间建立相关关系。在现实中,由于技术动态性与用户需求动态性以及竞争动态性之间是相

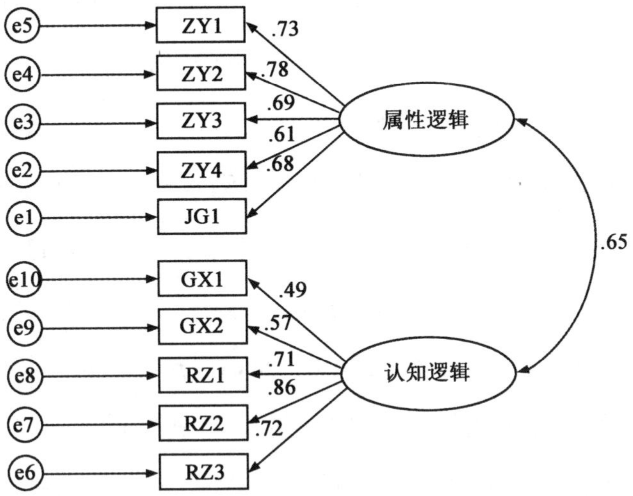

图 8-1　组织邻近性因子模型图

互影响的，故相应地，可以在误差项 e1 与 e5、e6 之间建立起相关关系。在此基础上，表 8-23 和表 8-24 分别显示了项目复杂性分量表的模型拟合指标和验证性因子分析的结果。根据表 8-23 可以看出，模型卡方与自由度之比为 1.995，SRMR 为 0.079，RMSEA 为 0.091，CFI 为 0.910，IFI 为 0.912，TLI 为 0.878，除 TLI 外均达到了表 8-20 所列的判断标准。但是 TLI 为 0.878，接近于 0.9 的标准值，因此从总体上来讲，项目复杂性这一变量的建构具有较好的拟合度。

表 8-23　项目复杂性模型拟合指标

CMIN/DF	SRMR	RMSEA	CFI	IFI	TLI
1.995	0.079	0.091	0.910	0.912	0.878

从因子负荷量的角度来看，表 8-24 显示了项目复杂性 12 个观测项目在项目复杂性变量两个因子上的整体负荷情况。各个观测题项在相应因子上的负荷量均大于 0.5。此外，技术复杂性维度和环境复杂性维度间的相关系数为 0.448，在 $p<0.01$ 水平上显著相关；组织间交互复杂性维度和环境复杂性维度间的相关系数为 0.698，在 $p<0.001$ 水平上显著相关；技术复杂性维度和组织间交互复杂性维度间的相关系数为 0.495，在 $p<0.001$ 水平上显著相关。综上，项目复杂性这一建构变量具有良好的建构效度。图 8-2 则直观反映了项目复杂性变量验证性因子分析的路径结果。

表 8-24　项目复杂性变量的验证性因子分析

路径关系	标准化因子负荷量	*C.R.*	*P*
JS4	0.642	—	—
JS3	0.727	6.684	***
JS2	0.791	7.096	***
JS1	0.795	7.115	***
HJ5	0.595	—	—
HJ4	0.604	5.004	***
HJ3	0.676	5.556	***
HJ2	0.631	5.309	***
HJ1	0.631	5.312	***
JH3	0.618	—	—
JH2	0.723	5.734	***
JH1	0.766	5.862	***

注：$p<0.001$，用 *** 表示。

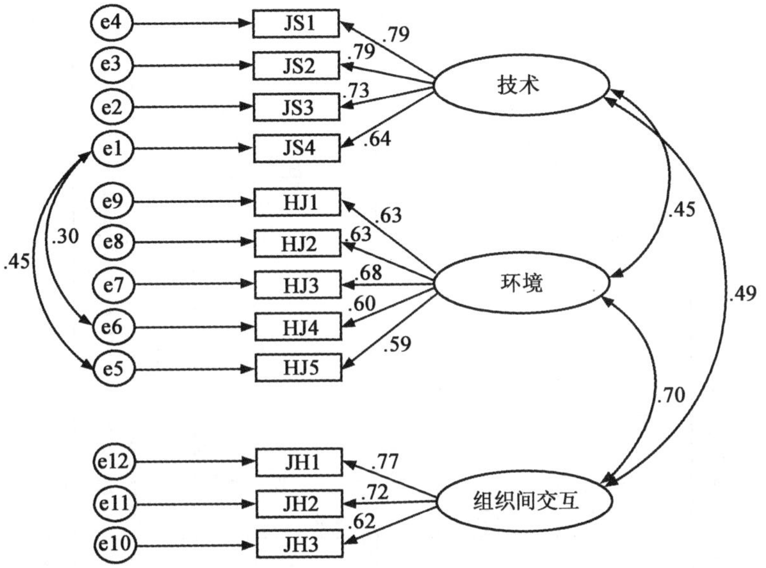

图 8-2　项目复杂性因子模型图

8.5　相关性分析

在进行下一步的回归假设检验之前，还需要进行变量之间的相关性分析（一些研究将相关性分析纳入到效标关联效度检验之中）。简单来说相关性分析是分析变量之间关系密切程度的一种数据分析方法。变量间的关系密切程度通常用 Pearson 相关系数来衡量。本研究借助 SPSS20.0 软件检验了组织邻近性的属性逻辑维度、组织邻近性的认知逻辑维度、合作倾向性、项目复杂性、合作绩效以及一些样本特征指标之间的相关性情况，具体的 Pearson 相关系数见表 8-25。

表 8-25　各变量间 Pearson 相关系数矩阵

	1	2	3	4	5	6	7	8	9	均值
1. 产业类型	1									—
2. 合作技术类型	−0.115	1								—
3. 地理邻近程度	−0.237**	0.071	1							—
4. 建立合作时长	−0.175*	0.054	0.122	1						6.090
5. OP 属性逻辑	0.014	0.001	0.007	0.089	1					3.525
6. OP 认知逻辑	0.085	−0.047	−0.104	−0.012	0.545**	1				3.954
7. 合作倾向性	0.064	−0.057	−0.107	0.025	0.606**	0.616**	1			4.155
8. 项目复杂性	−0.133	0.105	0.065	0.083	−0.034	−0.071	−0.227**	1		2.595
9. 合作绩效	0.085	−0.205*	−0.050	0.054	0.524**	0.676**	0.674**	−0.151*	1	4.134

注：** 表示在 0.01 水平上(单侧)显著相关；* 表示在 0.05 水平上(单侧)显著相关；$N=121$。

从表 8-25 中可以发现，组织邻近性的属性逻辑和认知逻辑与合作倾向性、合作绩效之间存在着显著的正相关关系，合作倾向性与合作绩效之间存在着显著的正相关关系，项目复杂性与合作绩效之间存在着显著的负相关关系，这都基本符合之前的预期假设。值得注意的是，在前文的假设之外，通过相关性分析还发现项目复杂性与合作倾向性之间存在着显著的负相关关系。然而以上的相关性分析仅仅证明了变量相互间具有相关性，但是具体的因果关系和影响程度还需要进一步的回归分析。

8.6　中介效应检验及中介模型的构建

8.6.1　中介效应分析的原理

研究中介效应的目的是在已知自变量和因变量之间关系的基础上来探索这个关系内部所存在的作用机制。中介变量是由自变量引起的，并引起了因变量的变化，具体来讲，如果变量 X 通过影响变量 M 来影响 Y，则称 M 为中介变量。假设所有变量都已中心化(均值为零)，可用图 8-3 描述变量之间的关系。本研究主要采用了学界较为认可的 Baron & Kenny(1986)、温忠麟等(2005)所提出的中介效应分析方法：第一，要求自变量与因变量之间显著相关，如图 8-3 所示，Y 与 X 显著相关，回归系数 c 显著；第二，要同时满足自变量 X 和中介变量 M 相关、中介变量 M 和因变量 Y 相关，即图 8-3 中的两个回归系数 a 和 b 显著。此时 M 便是 X 与 Y

之间的中介变量且中介效应显著。如果 c' 显著则为部分中介,如果 c' 不显著则为完全中介。其中 c 是 X 对 Y 的总效应,$a\times b$ 是中介效应的大小。若两个回归系数 a 和 b 至少有一个不显著,则应该进行进一步的 SOBEL 检验,若检验通过亦可以说明中介效应显著。

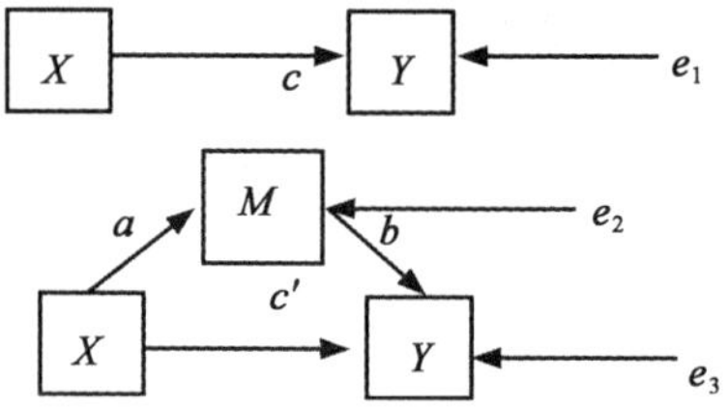

$Y=cX+e_1$　(1)

$M=aX+e_2$　(2)

$Y=c'X+bM+e_3$　(3)

图 8-3　中介效应分析原理

8.6.2　中介效应检验

基于上述原理,为进一步探讨各变量间的关系并验证前文的研究假设,本研究主要借助 SPSS20.0 软件利用层次回归分析的方法进行实证研究。在进行多元回归分析之前,还需要对变量的多重共线性进行检验。根据吴明隆(2010)的建议,多重共线性问题主要通过容忍度(tolerance)和方差膨胀因子(variance inflation factor,VIF)两大指标来判断,当容忍度大于 0.1 及方差膨胀因子小于 10 时,便可以认为各变量之间基本上不存在多重共线性。模型运行结果显示:各变量的容忍度均在 0.512～0.989 之间浮动,相应的方差膨胀因子 VIF 值也在 1.952～1.012 的区间范围内,均符合容忍度大于 0.1 且方差膨胀因子 VIF 值小于 10 的标准,故可以认为诸多解释变量之间并不存在多重共线性问题。

在控制了合作主体间的地理邻近程度后得出了回归结果(表8-26)。模型1分析了作为控制变量的合作主体间地理邻近程度对合作绩效影响;模型2分析了组织邻近性的属性逻辑维度、组织邻近性的认知逻辑维度对合作绩效的影响;模型3分析了合作倾向性对合作绩效的影响;模型4分析了组织邻近性的属性逻辑维度、组织邻近性的认知逻辑维度对合作倾向性的影响。模型5则分析了组织邻近性的属性逻辑维度、组织邻近性的认知逻辑维度以及合作倾向性对合作绩效的影响。

表8-26 回归分析结果

变量	合作绩效	合作绩效	合作绩效	合作倾向性	合作绩效
	模型1	模型2	模型3	模型4	模型5
控制变量					
地理邻近程度	−0.042	0.005	0.018	−0.068	0.027
主变量					
OP属性逻辑维度		0.164**		0.344***	0.051
OP认知逻辑维度		0.472***		0.397***	0.342***
合作倾向性			0.571***		0.327***
F	0.304	37.699***	49.167***	37.126***	38.171***
R^2	0.003	0.492	0.455	0.488	0.568
调整后的R^2	−0.006	0.478	0.445	0.475	0.553

注:$p<0.05$,用*表示;$p<0.01$,用**表示;$p<0.001$,用***表示。

从模型1的回归结果可以看出,作为控制变量的地理邻近程度对农业推广的合作绩效虽然有负向影响,但并不显著。故在合作农业推广中,地理距离造成的信息不对称问题,并没有显著地负向影响到最终的合作绩效。

模型 2 主要是对组织邻近性的两个维度与合作绩效之间的关系假设 H1a 和 H1b 进行检验。从模型 2 的回归结果可以看出组织邻近性的属性逻辑维度 β 系数值为 0.164,在 $p<0.01$ 的水平下显著相关,故可以认为组织邻近性的属性逻辑维度对多元农业推广组织合作绩效有直接显著的正向影响,即假设 H1a 得到支持;组织邻近性的认知逻辑维度 β 系数值为 0.472,在 $p<0.001$ 的水平下显著相关,故可以认为组织邻近性的认知逻辑维度对多元农业推广组织合作绩效有直接显著的正向影响,即假设 H1b 亦得到支持。

模型 3 主要是对合作倾向性与合作绩效之间的关系假设 H3 进行检验。从模型 3 的回归结果可以看出合作倾向性的 β 系数值为 0.571,在 $p<0.001$ 的水平下显著相关,故可以认为合作倾向性对多元农业推广组织间的合作绩效有直接显著的正向影响,即假设 H3 得到支持。

模型 4 则主要是对组织邻近性的两个维度与合作倾向性之间的关系假设 H2a 和 H2b 进行检验。从模型 4 的回归结果可以看出组织邻近性的属性逻辑维度 β 系数值为 0.344,在 $p<0.001$ 的水平下显著相关,故可以认为组织邻近性的属性逻辑维度对推广组织彼此间的合作倾向性有直接显著的正向影响,即假设 H2a 得到支持;组织邻近性的认知逻辑维度 β 系数值为 0.397,在 $p<0.001$ 的水平下显著相关,故可以认为组织邻近性的认知逻辑维度对推广组织彼此间的合作倾向性有直接显著的正向影响,即假设 H2b 亦得到支持。

在基本假设验证过后，本研究进一步地验证前文所提出的中介效应假设 H4a 和 H4b。从表 8-26 中的回归分析结果可以得到：组织邻近性的属性逻辑维度与合作绩效间的回归系数为 0.164，在 $p<0.01$ 的水平上显著（模型 2），组织邻近性的属性逻辑维度与合作倾向性间的回归系数为 0.344，在 $p<0.001$ 的水平上显著（模型 4）。模型 5 在模型 2 的基础上加入合作倾向性变量后，合作倾向性与合作绩效之间的回归系数为 0.327，在 $p<0.001$ 的水平上显著，组织邻近性的属性逻辑维度与合作绩效之间的回归系数降为 0.051，统计意义并不显著。因此可以说明合作倾向性这一变量在组织邻近性的属性逻辑维度与合作绩效之间起中介作用，而且为完全中介作用。其中中介效应的大小为 0.11，直接效应的大小为 0.05，故假设 H4a 得到了验证。

类似地，组织邻近性的认知逻辑维度与合作绩效间的回归系数为 0.472，在 $p<0.001$ 的水平上显著（模型 2），组织邻近性的认知逻辑维度与合作倾向性间的回归系数为 0.397，在 $p<0.001$ 的水平上显著（模型 4）。模型 5 在模型 2 的基础上加入合作倾向性变量后，合作倾向性与合作绩效之间的回归系数为 0.327，在 $p<0.001$ 的水平上显著，组织邻近性的认知逻辑维度与合作绩效之间的回归系数降为 0.342，在 $p<0.001$ 的水平上显著。因此可以说明合作倾向性这一变量在组织邻近性的认知逻辑维度与合作绩效之间起中介作用，且为部分中介作用。其中中介效应的大小为 0.13，直接效应的大小为 0.34，故假设 H4b 得到了验证。

在本节中，所有的假设检验结果汇总于表 8-27。

表 8-27　本节假设检验结果汇总表

假设	假设关系	验证结果
H1a	组织邻近性的属性逻辑维度对多元农业推广组织合作绩效有直接显著的正向影响	通过
H1b	组织邻近性的认知逻辑维度对多元农业推广组织合作绩效有直接显著的正向影响	通过
H2a	组织邻近性的属性逻辑维度对推广组织彼此间的合作倾向性有直接显著的正向影响	通过
H2b	组织邻近性的认知逻辑维度对推广组织彼此间的合作倾向性有直接显著的正向影响	通过
H3	合作倾向性对多元农业推广组织间的合作绩效有直接显著的正向影响	通过
H4a	组织间的合作倾向性在组织邻近性的属性逻辑维度与合作绩效之间存在中介效应	通过
H4b	组织间的合作倾向性在组织邻近性的属性逻辑维度与合作绩效之间存在中介效应	通过

8.6.3　中介模型的构建

基于前文的假设检验结果，本研究已经验证了组织间的合作倾向性在组织邻近性的两个维度与合作绩效之间所存在的中介效应，即假设 H4a 和 H4b。为了更好地反映诸多潜变量在整体的关系路径中所起的效用大小，以及观察各观测变量对于潜变量的影响程度，本研究进一步利用结构方程建模的方式构建了中介模型，并对模型的拟合情况进行检验。根据前文的假设检验，本研究所构建的中介模型如图 8-4 所示。为了得出更加严谨的结论，本研究主要借助 SPSS AMOS20.0 来验证所提出的结构方程模型。

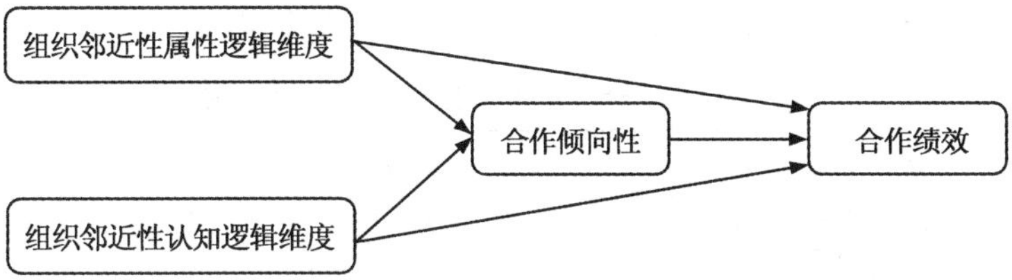

图 8-4 中介模型

表 8-28 的拟合指数反映了整个模型的运行结果。从表中可以看到该模型的卡方与自由度之比为 1.729，符合“小于或等于 3”的标准；SRMR 为 0.061，符合“小于或等于 0.08”的标准；RMSEA 为 0.078，符合“小于或等于 0.10”的标准；CFI 为 0.919，IFI 为 0.920，TLI 为 0.903，均符合“大于或等于 0.90”的标准。因此可以认为该结构方程模型的拟合效果较好。

表 8-28 结构方程模型的拟合指数

CMIN/DF	SRMR	RMSEA	CFI	IFI	TLI
1.729	0.061	0.078	0.919	0.920	0.903

该中介模型的运行结果如图 8-5 所示。

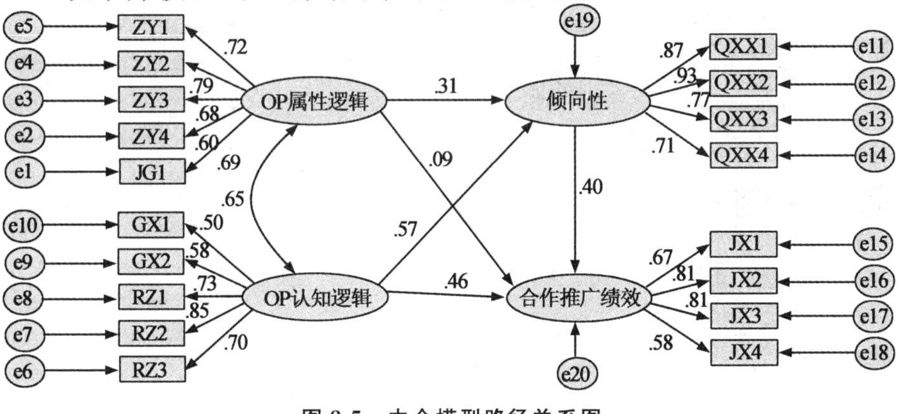

图 8-5 中介模型路径关系图

相应地,各变量间的路径系数结果见表 8-29。

表 8-29　中介模型主要变量间路径系数表

路径关系	标准化系数	*C. R.*	*p*
合作倾向性←OP 属性逻辑	0.312	2.829	**
合作倾向性←OP 认知逻辑	0.569	4.728	***
合作绩效←OP 属性逻辑	0.094	0.869	0.385
合作绩效←OP 认知逻辑	0.462	3.178	**
合作绩效←合作倾向性	0.399	2.908	**

注:*C. R.* >1.96,$p<0.05$,用 * 表示;*C. R.* >2.58,$p<0.01$,用 ** 表示;*C. R.* >3.29,$p<0.001$,用 *** 表示。

虽然本模型拟合程度较好,但是从路径系数来看,组织邻近性的属性逻辑对合作绩效的标准化路径系数为 0.094,并不显著。根据侯杰泰等(2004)的建议,应进一步修正已建立的结构方程模型,并删除此条路径。删除此条路径后进一步检验,模型拟合指数(表 8-30)得到了稍许的优化,最终修正后的中介模型如图 8-6 所示。

表 8-30　修正后的结构方程模型拟合指数

CMIN/DF	SRMR	RMSEA	CFI	IFI	TLI
1.721	0.061	0.078	0.919	0.920	0.904

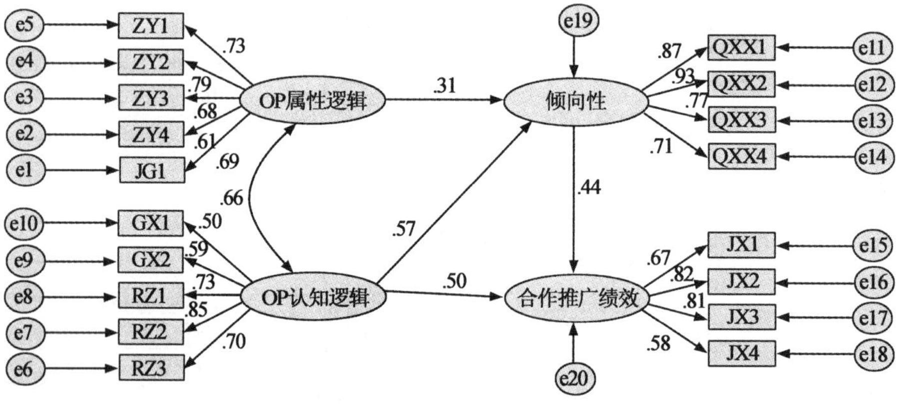

图 8-6　修正后的中介模型路径关系图

相应地，各变量间的路径系数结果见表 8-31。

表 8-31 修正后的中介模型主要变量间路径系数表

路径关系	标准化系数	C.R.	p
合作倾向性←OP 属性逻辑	0.312	2.783	**
合作倾向性←OP 认知逻辑	0.566	4.640	***
合作绩效←OP 认知逻辑	0.498	3.461	***
合作绩效←合作倾向性	0.438	3.320	***
OP 属性逻辑←→OP 认知逻辑	0.660	4.334	***

注：$C.R.>1.96$，$p<0.05$，用 * 表示；$C.R.>2.58$，$p<0.01$，用 ** 表示；$C.R.>3.29$，$p<0.001$，用 *** 表示。

通过以上对于合作倾向性变量的中介效应检验，可以看出所构建的中介模型是较为理想的，实际上在应用中也几乎找不到从各个角度看都十分理想的模型。该中介模型也显示了本次研究中所发现的合作农业推广的绩效成因机制，即以组织邻近性为前因变量，以组织合作倾向性为中介变量，以合作绩效为结果变量的合作农业推广绩效的成因模型。根据中介模型所反映出的具体路径关系，本研究可以得到以下一些结论。

(1)从整体上来讲，不同类型农业推广组织间的组织邻近性正向影响整体的合作绩效，组织间共同的属性逻辑和认知逻辑越多，推广的合作绩效就越高；不同类型农业推广组织间的组织邻近性正向影响组织的合作倾向性，若推广组织间的组织邻近性越强，组织的合作倾向性就越强；不同类型农业推广组织间合作的倾向性越强烈，整体的合作绩效就越高。具体来讲，相对于组织邻近性的认知逻辑，组织邻近性的属性逻辑对于合作农业推广绩效的直接影响作用较弱,但其对于合作倾向性的正向影响作用却十分显著,换句话说,组织邻近性的属性逻辑维度对于合作绩效的影响更依赖于合作倾向性的中介机制发挥作用。相对于组织邻近性的属性逻辑维度而言,组织间拥有更多共同的认知逻辑对于增加合作绩效具有更强更显著的直接影响,无论是对于合作绩效的直接作用,还是通过合作倾向性的中介机制发挥作用,都是十分显著的。

(2)修正后的结构方程模型中,观测变量对于潜变量的路径关系在 $p<0.001$ 水平上均具有显著性。从各变量间的标准化系数(图 8-6)可知,对组织邻近性属性逻辑的影响程度最高的两个观测变量为 ZY2(0.788),即双方物质资源拥有量的相近程度,ZY1(0.726),即双方金融资源拥有量的相近程度;对组织邻近性认知逻辑的影响程度最高的两个观测变量为 RZ2(0.847),即双方对彼此行为的理解程度,RZ1(0.733),即双方对于合作目标、前景的认知一致性程度;对合作倾向性的影响程度由高至低依序为情感信任(0.928)、认知信任(0.866)、合作互惠(0.773)、合作包容(0.715);对合作绩效的影响程度由高至低依序为合作满意度(0.816)、费用降低(0.808)、目标达成(0.665)、能力提升(0.583)。

(3)组织邻近性的属性逻辑维度与组织邻近性的认知逻辑维度之间存在着正向显著的交互效应。这也验证了前文对于二者关系的理论分析,即在组织合作中两维度之间是相互关联、共同发挥作用的:一方面,相似的认知系统减少了对各种规则(尤其是正式性规则)的误解;另一方面,共同的属性逻辑和认知逻辑在一定程度上减少了对合作中契约规则的需要。

8.7　调节效应检验

8.7.1　调节效应分析的原理

调节变量表现出的最本质特征是它与其他一些变量的交互作用。在回归方程中表现为一个交互项，其所要解释的是自变量在何种条件下会影响因变量。也就是说，当自变量与因变量的相关大小或正负方向受到其他因素的影响时，这个其他因素就是该自变量与因变量之间的调节变量（卢谢峰等，2007），简单示意见图 8-7。不同的变量运用的调节效应分析方法存在差异。当自变量和调节变量都是连续变量时，用带有乘积项的回归模型做层次回归分析即可。调节效应显著的具体判定方法主要有两种，第一种是对交互乘积项的回归系数进行检验，若显著，则调节效应显著。第二种则是观察测定系数 R^2 的值。首先做因变量对自变量和调节变量的回归，得到测定系数 R_1^2，然后做因变量对自变量、调节变量以及交互项的回归，得到测定系数 R_2^2，若 R_2^2 明显高于 R_1^2，则调节效应显著（温忠麟等，2005）。

8.7.2　调节效应检验

本研究借助 SPSS20.0 软件，采用层次回归的方法来分析项目复杂性在组织邻近性与合作农业推广绩效关系中所起到的调节效

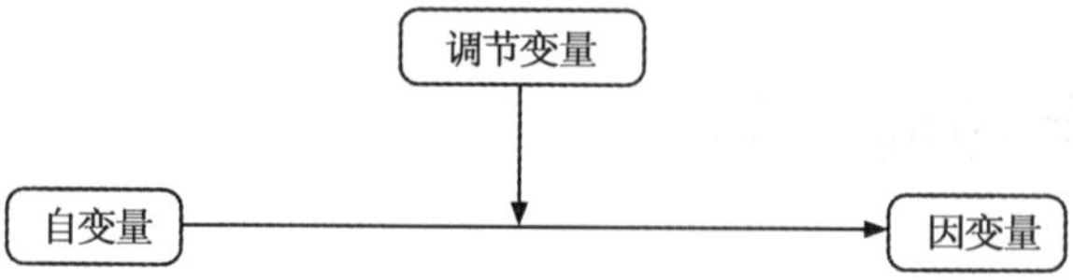

图 8-7 调节效应示意图

应。为了避免回归分析中出现多重共线性问题,本研究对于相关变量进行了中心化处理,此外还引入了合作主体间的地理邻近程度(同省同市取值为 1,同省不同市取值为 2,不同省取值为 3)作为控制变量,以更加准确地评估变量之间的相互关系。

进行层次回归分析之前,我们首先检验了变量之间的共线性问题。根据吴明隆(2010)的建议,主要通过容忍度和方差膨胀因子(VIF)两大指标来判断,当容忍度大于 0.1 及方差膨胀因子小于 10 时,便可以认为各变量之间基本上不存在多重共线性。结果显示,各变量的 VIF 均在 1.003～1.316 的区间范围内,其相应的容忍度也在 0.997～0.760 之间浮动,故可以认为各变量之间不存在多重共线性,可以进行下一步的分析。在采用了强迫进入法的基础上,具体的操作步骤如下:首先,将控制变量引入到回归模型之中,得到模型 1;其次,在回归方程中加入自变量组织邻近性,得到模型 2;然后,进一步在回归方程中加入调节变量项目复杂性得到模型 3;最后,引入表征调节作用的交互项 OP×PC,得到模型 4。层次回归分析的结果见表 8-32。

表 8-32　回归分析结果

	合作绩效			
	模型 1	模型 2	模型 3	模型 4
常 量	4.219***	4.161***	4.150***	4.160***
控制变量				
地理邻近程度	−0.042	−0.013	−0.008	−0.010
自变量				
组织邻近性(OP)		0.609***	0.603***	0.582***
调节变量				
项目复杂性(PC)			−0.112*	−0.173**
交互项				
OP×PC				0.204*
F	0.304	49.820***	34.602***	27.072***
R^2	0.003	0.458	0.470	0.483
调整后的 R^2	−0.006	0.449	0.457	0.465

注：$p<0.01$，用 *** 表示；$p<0.05$，用 ** 表示；$p<0.1$，用 * 表示。

模型 2 主要是对组织邻近性与合作绩效之间的关系假设 H1 进行检验。从模型 2 的回归结果可以看出组织邻近性的 β 系数值为 0.609，在 $p<0.01$ 的水平条件下显著相关，故可以认为组织邻近性对多元农业推广组织合作绩效有直接显著的正向影响，即假设 H1 得到支持。

模型 3 主要是对项目复杂性与合作绩效之间的关系假设 H5 进行检验。从模型 3 的回归结果可以看出项目复杂性的 β 系数值为−0.112，在 $p<0.1$ 的水平条件下显著相关，故可以认为项目复杂性对多元农业推广组织合作绩效有直接显著的负向影响，即假设 H5 得到支持。与此同时，对比模型 2 和模型 3，亦可以发现在

加入项目复杂性变量后，组织邻近性的β系数值有了一定变化，这就意味着组织邻近性与合作绩效的关系受到了所加入变量的影响。

模型4则是对项目复杂性的调节效应进行检验，回归结果显示交互项系数OP×PC的β系数值为0.204，在$p<0.1$的水平条件下显著，并且调整后的R^2比模型3中调整后的R^2增加了0.008，因此可以判定项目复杂性在组织邻近性与合作绩效之间起到显著的正向调节作用，即当合作推广项目的复杂性程度较高时，组织邻近性对合作绩效的正向影响程度得到一定的强化，故假设6得到支持。

在本节中，所有的假设检验结果汇总于表8-33。

表8-33 本节假设检验结果汇总表

假设	假设关系	验证结果
H1	组织邻近性对多元农业推广组织合作绩效有直接显著的正向影响	通过
H5	推广项目复杂性对多元农业推广合作绩效有直接显著的负向影响	通过
H6	推广项目复杂性在组织邻近性与合作绩效之间起正向调节作用	通过

基于上述的假设检验结果，本研究可以得到以下结论：首先，进一步地验证了在合作农业推广中，组织邻近性显著地正向影响合作绩效，也就是说不同类型组织间共同的属性逻辑和认知逻辑越多，合作推广绩效就越高。其次，发现了合作推广项目复杂性对合作绩效有直接显著的负向影响，也就是说在合作农业推广中，当项目的技术复杂性程度、环境复杂性程度以及组织间交互复杂性程度较高时，合作绩效水平会受到一定的削弱。最后，合作推广项

目复杂性在组织邻近性与合作绩效之间起显著的正向调节作用，当合作推广项目的复杂性程度较高时，组织邻近性对合作绩效的正向影响程度得到一定的强化。

本章参考文献

[1] 荣泰生. AMOS与研究方法[M]. 重庆：重庆大学出版社，2009.

[2] 吴明隆. 问卷统计分析实务——SPSS操作与应用[M]. 重庆：重庆大学出版社，2010.

[3] 陈顺宇. 多变量分析[M]. 台北：华泰书局，2004.

[4] Kaiser H. F, Rice J. Little Jiffy, Mark IV[J]. Educational and Psychological Measurement, 1974, 34(1): 111-117.

[5] Baron R. M, Kenny D. The moderator-mediator variable distinction in social psychological research: conceptual strategic and statistical considerations[J]. Journal of Personality and Social Psychology, 1986, 51(6): 1173-1182.

[6] 温忠麟，侯杰泰，张雷. 调节效应与中介效应的比较和应用[J]. 心理学报，2005，37(2): 268-274.

[7] 侯杰泰，温忠麟，成子娟，等. 结构方程模型及其应用[M]. 北京：教育科学出版社，2004.

[8] 卢谢峰，韩立敏. 中介变量、调节变量与协变量——概念、统计检验及其比较[J]. 心理科学，2007，30(4): 934-936.

第九章　组织邻近性对合作农业推广绩效影响的多案例研究

作为本项目实证研究的一个重要补充，本章将结合 6 个合作农业推广项目进行案例分析，涉及案例内分析和案例间分析两个阶段，进一步揭示和印证组织邻近性各维度与合作绩效间的关系和影响机制。在保证案例研究的信度以及建构效度的基础上，运用分析性归纳法，围绕组织邻近性如何影响合作绩效这一基本问题展开研究，重点讨论 3 方面内容：组织邻近性对合作绩效的直接影响；合作倾向性在组织邻近性与合作绩效关系中的中介作用，以及推广项目复杂性在组织邻近性与合作绩效关系中的调节作用。本章从合作农业推广实践出发，进一步论证相关研究结论，对于合作农业推广的理论和实践发展都有一定的积极意义。

9.1　研究设计

9.1.1　案例选择

本章采用多案例研究的方式。根据 Eisenhardt（1989）的观点，多案例研究的案例数目最好为 4～10 个。本文选取 6 个合作农业推广的典型案例作为研究对象，分别为鲜食地瓜合作推广项目、黑猪健康养殖推广项目、小麦玉米合作示范推广项目、大豆繁育推广项目、食用菌创新团队项目、生命素合作推广项目①（表 9-1）。选择上述案例基于 3 方面考虑：①选取的案例具有典型性，六大案例涉及五大推广组织间不同的合作形态，分属于不同的合作推广方式，处于推广的不同阶段，形成了不同的合作规模，案例之间存在较大的差异性；②选取的案例都是正在开展且已存在一定合作成效的推广项目，具有一定的稳定性和时效性；③案例选择兼顾了数据的可获得性，案例信息均来自研究团队的亲自调研。

表 9-1　合作农业推广案例基本情况一览表

	鲜食地瓜合作推广项目（案例 A）	黑猪健康养殖推广项目（案例 B）	小麦玉米合作示范推广项目（案例 C）	大豆繁育推广项目（案例 D）	食用菌创新团队项目（案例 E）	生命素合作推广项目（案例 F）
合作时间	20 世纪 70 年代至今	2010 年至今	2009 年至今	2003 年至今	2011—2015 年	2008 年至今
合作成员	SD 农科院、DG 合作社（2008 年成立）	LW 疫控中心、QD 企业	ZG 农业大学、QZ 政府	ZN 研究所、SD 企业	BJ 推广站、ZG 农科院、ZG 农业大学、BJ 县区种植业服务中心	YY 集团、SN 公司、QJ 政府
组织属性	科研型＋自助型	行政型＋企业型	教育型＋行政型	科研型＋企业型	行政型＋科研型＋教育型	企业型＋行政型

① 遵照案例研究匿名惯例，文中涉及的推广组织名称均已隐去，仅用 SD 农科院、DG 合作社、LW 疫控中心、QD 企业、ZG 农业大学、QZ 政府、ZN 研究所、SD 企业、BJ 推广站、ZG 农科院、BJ 县区种植业服务中心、YY 集团、SN 公司、QJ 政府代替。

续表 9-1

	鲜食地瓜合作推广项目（案例 A）	黑猪健康养殖推广项目（案例 B）	小麦玉米合作示范推广项目（案例 C）	大豆繁育推广项目（案例 D）	食用菌创新团队项目（案例 E）	生命素合作推广项目（案例 F）
技术属性	公共技术	准公共技术	公共技术	准公共技术	公共技术	准公共技术
合作方式	共建基地	技术咨询	共建基地、联合攻关/推广	委托销售、技术咨询	联合攻关/推广	委托销售、技术咨询
合作模式	纵向一体化	市场交易型	合作联盟型	市场交易型	合作联盟型	纵向一体化
合作规模①（推广人员数量）	11	20	40	30	39	120

9.1.2 数据收集

根据 Yin(2003)的建议，本研究主要采用访谈和文本资料收集案例信息，并辅以问卷搜集的部分定量数据。参考 Eisenhardt (1989)的建议，本研究要求参与访谈人员及时记下当时所有信息，并在 24 小时内对访谈的记录进行整理。访谈前，各访谈人员对推广组织和项目都有一定的了解，访谈主要采取半结构化的方式进行，时间一般持续 2 小时左右，并在访谈后及时整理信息，与受访者保持实时联系以保证可以及时核对或补充部分信息。所有的访谈均在 2012—2014 年完成。此外，研究也充分参考了合作项目的

① 评价合作组织规模的指标有很多，诸如合作经费、合作推广人员数量、推广对象数量、推广技术覆盖面积等，但这些指标间存在关联性，本文选择合作推广人员数量来衡量规模，这一指标易获取，可信度高。

内部资料和网上公开信息等。

9.1.3　分析方法

本研究的多案例分析包括案例内分析和案例间分析两个阶段。首先，从理论回顾中提出研究预设，对6个探索性案例进行逐一解读和案例验证；其次，将上述案例资料进行结构化编码，比较每个案例间的异同，分析不同变量间的路径关系，找到一个与多案例数据相匹配的理论框架，然后提出和解释理论命题。这一过程被称为“分析性归纳”(Glaser & Strauss，1967)，即通过单个案例分析归纳新变量或新关系，再将总结的试探性理论演绎到其他案例之中，以不断对理论模型进行修改，使得研究命题或假设更加稳定可靠。

9.1.4　信度和效度检测

缺乏建构效度、内部效度、外部效度和信度上的案例研究成果很难被国际学术界认可(原长弘等，2012)。在建构效度方面，本文采用了档案数据、访谈数据、参与性观察数据、问卷数据等多元数据来源，沿用和凝练了Gibbert等(2008)的评价指标体系和测度方法，并让其他同事(非案例作者)评阅了相关概念的概念化程度和定义操作化程度；在内部效度方面，本文建立清晰的因果关系框架，并运用理论的三角验证方法，从不同的视角对其进行解释、论证和修正；在外部效度方面，本文详述案例研究的背景，采用了合作农业推广的不同组织模式进行多案例分析，具有一定的典型性和代表性；在信度方面，本研究准备了案例研究的计划书，并明确报告了案例研究的过程和结果。

9.2 变量解构与案例内分析

9.2.1 组织邻近性

9.2.1.1 组织资源邻近

组织资源是推广组织可以直接运用的各种要素，通过资源的有效配置，可以为组织以及成员带来利益，本文的资源邻近性主要包括金融资源、物质资源、人力资源、渠道资源 4 方面的邻近。6 个合作推广案例的组织资源表现形式各不相同，如案例 E 组织资源邻近程度高，不同推广主体涉及科、教、推不同领域，资源丰富且邻近；而案例 A 人力资源充足，但金融和物质资源相对欠缺且不均衡，DG 合作社在资金、物质资源上处于弱势地位。为清楚表达不同案例组织资源邻近性的程度，本研究结合定性资料描述与归纳，以及被访谈者对变量测量与实际符合情况的打分，用雷达图将6 个案例的组织资源邻近性各维度的高低表示出来，如图 9-1 所示。图中各个案例对应的多边形的面积大小代表组织资源邻近的高低，总体说来，案例 E＞案例 F＞案例 D＞案例 C＞案例 B＞案例 A。

9.2.1.2 组织结构邻近

按照前文所述，本研究对于组织结构的衡量主要涉及管理幅

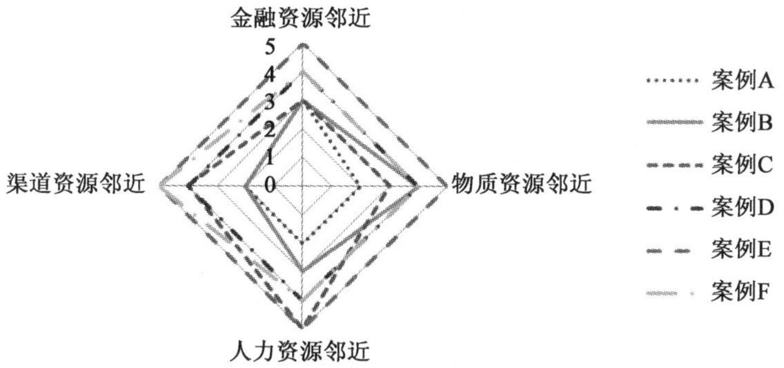

图 9-1　案例中的组织资源邻近评价

度方面。基于访谈中所了解的现实情况，辅助定量问卷的评判打分结果，并请受访者和专家作出审核和修正，得到变量评估结果，即组织结构邻近的排序结果为，案例 E>案例 F>案例 C>案例 D>案例 B>案例 A。

这里以案例 E 食用菌创新团队项目为例对组织结构邻近进行分析。食用菌创新团队项目是北京市建立现代农业产业技术推广体系的一个产业子项目，其整合了 BJ 推广站、ZG 农科院、BJ 农科院、ZG 农业大学等横向组织资源，建立了研究中心（首席专家负责）-功能研究室-综合实验站（县区推广部门/种植服务中心）-田间学校的推广体系。多元农业推广组织之间形成了完善的组织的结构，如团队的执行专家组负责产业体系的发展规划和分年度计划中的相关任务，组织开展、指导、协调和监督各功能实验室和综合实验站的业务活动；综合实验站负责开展产业综合集成技术的试验示范，培训技术推广人员和科技示范户，调查收集生产实际问题与技术需求信息，检测分析疫情、灾情等动态变化并协助处理相关问题。各推广组织在不打破现有管理体系的前提下,根据权责明晰的原则进行合作,形成了统一的组织结构框架,组织结构邻近程度高。

9.2.1.3 组织关系邻近

“关系”本身的内涵很丰富,涉及经济、文化、社会、心理等诸多方面,本研究强调的组织之间关系邻近是农业推广组织间建立起持续的交易、交流和联系,形成相互受益的关联状态。关系产生的目的在于推广组织之间共享资源,提高绩效,关系邻近性特别强调组织的关系历史、关键个体成员的主导关系等。在研究的 6 个案例中,案例 B 中涉及的各推广主体关系邻近程度一般,主要原因在于 LW 疫控中心和 QD 企业是基于短期商业利益的合作,合作的历史时间也较短,但沟通比较顺畅;案例 E 关系邻近性较差,主要原因则在于推广组织间合作的互动灵活性较差,推广项目为政府推动型,缺乏长久合作的保障,日常沟通也存在体制上的壁垒;而案例 F 的关系邻近性较好,原因在于 YY 集团的推广体系与地方政府政策实现了无缝对接,建立了长期战略合作伙伴关系,整合了政府科技服务资源,规范了服务站队伍,在 YY 集团的品牌下,实现了种子、肥料、农业机械化等农资的销售、推广和服务的一体化。根据各个案例关系邻近性的高低,可知,案例 A>案例 C>案例 F>案例 B>案例 D>案例 E。

9.2.1.4 组织认知邻近

本研究从三个方面来考察组织认知邻近性:基于共同目标的

认知、基于行为方式的认知、基于文化价值的认知。如案例 C 中 ZG 农业大学资环学院与 QZ 县地方政府进行的小麦玉米合作示范推广项目，双方的组织成员认同合作组织的身份，群体工作氛围融洽，且在追求目标的过程中齐心协力，并保持一体性，只是双方组织文化价值存在一定偏差，故组织间认知邻近程度一般。根据各个案例认知邻近性的高低，可知，案例 F>案例 D>案例 E>案例 C>案例 B>案例 A。

9.2.2　合作倾向性

合作倾向性的内涵可划分为合作信任、合作互惠与合作包容 3 个方面，相关评估结果见表 9-2。根据各个案例不同推广主体合作倾向性的高低，可知，案例 C>案例 E>案例 F>案例 D>案例 A>案例 B。例如，案例 C 中，ZG 农业大学拥有较强的技术和人才优势，亟待科技成果的运用转化，而 QZ 政府急需农业科技创新，以提高当地小麦的高产和资源的高效利用，双方合作目标一致，彼此在重大决策时要考虑对方利益，承诺和满意程度高，合作中表现出了极高的信任度、互惠性和包容性，故合作倾向性较高；而案例 D 中，ZN 研究所和 SD 企业是基于短期利益的商业合作，受商品生命周期以及市场环境波动的影响大，容易造成彼此失信行为，合作倾向程度表现较低。

表 9-2　案例中合作倾向性评价

变量名称	合作项目实际符合程度					
	案例 A	案例 B	案例 C	案例 D	案例 E	案例 F
双方均认可对方在其领域内的综合实力	☆☆	☆☆	☆☆☆	☆☆	☆☆☆	☆☆☆
双方均相信对方可以公正的处理各种合作事宜（即认可彼此声誉）	☆☆	☆☆	☆☆☆	☆	☆☆☆	☆☆
双方在合作中可以主动履行自身的责任，并帮助对方解决问题	☆	☆	☆☆☆	☆☆	☆☆	☆☆
双方采用积极的态度和方式来解决相互间的冲突	☆☆	☆	☆☆☆	☆☆	☆☆☆	☆☆☆

注：☆表示被访谈者对合作项目实际情况的符合程度判断，“☆”表示一般，“☆☆”表示比较符合，“☆☆☆”表示非常符合。

9.2.3　推广项目复杂性

推广项目复杂性主要包括技术复杂性、环境复杂性以及组织间交互复杂性。根据各个案例不同的合作推广项目复杂性（表 9-3），可知，案例 F＞案例 B＞案例 D＞案例 A＞案例 E＞案例 C。例如，案例 F 中 YY 集团生产的产品科技含量较高，价格也相对较高，推广过程中需要处理和地方推广机构、经销商等其他组织的关系，推广网络建设较为复杂，故复杂性较高；案例 D 中，推广用户面临土地分散、集约化程度低，土地利用效率明显偏低的问题，造成推广管理和营销的难度加大，复杂程度上升；而案例 C 中 ZG 农业大学当地政府推广体系联结紧密，能快速拓展销售渠道，推广相对容易和快速。

表 9-3　案例中推广项目复杂性评价

变量名称	合作项目实际符合程度					
	案例 A	案例 B	案例 C	案例 D	案例 E	案例 F
技术复杂性(难)	☆☆	☆☆☆	☆☆	☆☆☆	☆☆	☆☆☆
组织间交互复杂性(难)	☆☆	☆☆	☆	☆☆	☆	☆☆☆
环境复杂性(难)	☆☆	☆☆☆	☆	☆☆	☆☆	☆☆☆

注：☆表示被访谈者对合作项目实际情况的符合程度判断，“☆”表示一般，“☆☆”表示比较符合，“☆☆☆”表示非常符合。

9.2.4　合作绩效

本研究在参考前人的研究成果基础上，从主观和客观两方面来探讨合作农业推广的绩效。主观绩效主要体现在组织对合作过程及结果的满意度上，而合作农业推广的客观绩效主要体现合作推广的定量目标实现情况。6 个合作项目的客观合作绩效见表 9-4。结合主观合作绩效打分，以及客观合作绩效的实现程度(如推广率、推广度)，6 个案例的整体合作绩效由高到低为：案例 F>案例 E >案例 C>案例 D>案例 A>案例 B。

表 9-4　案例中合作客观绩效评价

	客观绩效
案例 A	在 SD 农科院的支持下，DG 合作社年平均合作推广规模 200 公顷，并对 1 500 户科技带头户进行集中培训 2 次以上，受益农户达到 3 200 户
案例 B	年平均合作推广规模达到 25 000 只，推广度为 16.67%，年培训次数多达 20 次，受益农民达到 500 人
案例 C	ZG 农业大学联合 QZ 乡镇推广站，采取集中授课、田间指导、电话咨询等方式，对农民关心的肥料、病害、农药、种子和土壤等问题进行指导，服务人次达到 600 余次，建立的万亩双高示范基地内，2010 年粮食产量 667 米^2 增产 200 千克，增收 300 元

续表 9-4

	客观绩效
案例 D	SD 企业的合作推广总收益(新增总产值×推广份额系数)达到 60 万元，2009 年豆种销售量突破 500 万千克，是国内首家精包装豆种销售突破 500 万千克的公司
案例 E	在合作研发阶段，共开发了 36 项研究成果，已推广的数量为 22 项，合作专利授权数为 11 项，合作论文和著作 19 篇/部，合作培训人次达到 2 125 人次，合作研发总收益为 1 200 万元；在示范与推广阶段，年平均合作推广规模为 383 公顷，推广度为 44.23%，合作培训人次达到 5 940 人次，受益 497 户，合作推广总收益为 1 600 万元
案例 F	合作营销总收益达到 25 亿元，年平均合作推广规模 6.67 公顷，合作培训达到 10 000 人次，推广受益农户为 45 万户

9.3 案例间分析与讨论

通过案例内分析，我们剖析了相关变量和每个案例的发生情况，并为探索性的横向比较、归纳变量间的关系、验证研究假设做好铺垫。在研究操作中，本研究严格遵守分析归纳法原则，将前一个案例得出的结果与之前的理论分析进行对照，不断调整探索性认识，再演绎到其他案例之中，循环往复，以不断对理论模型进行修改。但限于篇幅，这里不再一一赘述归纳分析过程，而是将结果一并列出。

由上述表图和访谈中了解的现实情况，本研究得出 6 个案例的最终组织资源邻近、结构邻近、关系邻近、认知邻近、合作倾向性、项目复杂性和合作绩效水平等级情况，并划分为 3 个等级，“☆”表示与实际情况一般符合，“☆☆”表示比较符合，“☆☆☆”表示非常符合,见表 9-5。

表 9-5 案例中的各变量的总体符合情况

	资源邻近	结构邻近	关系邻近	认知邻近	合作倾向性	项目复杂性	合作绩效
案例 A	☆	☆	☆☆☆	☆	☆	☆☆	☆
案例 B	☆	☆	☆☆	☆	☆	☆☆☆	☆
案例 C	☆☆	☆☆	☆☆☆	☆☆	☆☆☆	☆	☆☆
案例 D	☆☆	☆☆	☆☆	☆☆☆	☆☆	☆☆	☆☆
案例 E	☆☆☆	☆☆☆	☆☆	☆☆	☆☆☆	☆	☆☆☆
案例 F	☆☆☆	☆☆☆	☆☆☆	☆☆☆	☆☆☆	☆☆☆	☆☆☆

9.3.1 组织邻近性对合作绩效的直接影响

从表 9-5 中可以看出,在合作农业推广实践中,不同案例的组织邻近与合作绩效间的关系表现为:①组织资源邻近与合作绩效正相关。如案例 E 合作各方都有类似的技术知识背景,丰富的金融和人力资源,而政府的推广体系又为合作推广网络,促使成功合作,并拥有较高的合作绩效 。②组织结构邻近与合作绩效正相关。如案例 D 中,ZN 研究所和 SD 企业在进行大豆繁育推广项目时,并没有可以让基层农技推广人员参与协商,而是农村种子销售人员直接进行指导,一个主管有效指导下属的数量较多,合作绩效一般。③组织关系邻近与合作绩效略为正相关,但不够显著。如案例 C、F 中的推广组织都表示愿意继续长期合作,彼此的合作关系比短期利益重要得多,不同组织的领导者间关系密切,具有长期合作的信任基础,表现为很高的合作绩效;但案例 A 中推广组织间关系非常邻近,合作绩效却表现得很低,这主要可能有3个原因:一是其他邻近性维度太低,导致合作绩效偏低;二是本文的关系邻近性测量项主要包括组织间的关系历史和个体成员间紧密程度,虽然案例A这两方面的邻近性高,但真正影响合作绩效的关系因素可能是这两者之外的,如集体间关系强度、政府对主体间关系的引导等;三是关系邻近性过高可能带来合作绩效的倒U形关系,即造成合作路径的"锁定",新的知识技术或管理方式等难以被采纳。④组织认知邻近与合作绩效正相关。如案例B组织间由于领导重视程度一般,所以LW疫控中心和QD企业在合作目标、前景上并没有较为一致的看法,组织凝聚力一般,合作绩效为较差。

9.3.2 合作倾向性的中介效应分析

首先,从表9-5中可以看出,组织邻近性程度越高,组织间的合作倾向程度越高。在6个案例中,案例B和案例D,前者主要是以盈利为目的的技术培训,后者以委托销售良种为合作内容,两个案例总体的组织邻近性程度都相对较差,以短暂利益为目的的快速市场交易方式能迅速满足双方发展需求,合作倾向程度较低;案例C和案例E,总体的组织邻近性相对较高,双方都签订了较长的战略合作协议,选择合作联盟方式进行深入合作,合作倾向程度较高。其次,从表9-5中可以看出,合作倾向程度越高,合作绩效越高。如案例B、D整体组织邻近性相对较低,基层农技推广员在合作项目中参与程度较差,也未有诸如田间指导、电话咨询等深入农村的纵向推广活动,市场交易型的合作推广模式,使得合作信任和承诺欠缺，合作绩效也表现也相对较差或一般。案例 C、E、F 都体现为高组织邻近性，均选择层次较高的合作联盟关系或纵向一体化关系，合作关系更加稳定，合作倾向程度高，合作绩效最高。通过上述分析，可得出：合作倾向性在组织邻近性与合作绩效关系中起中介作用。

9.3.3　项目复杂性的调节效应分析

从表 9-5 中可以看出，在合作农业推广实践中，项目复杂性在组织邻近性与合作绩效之间起正向调节作用，即推广项目越复杂，组织邻近性对合作绩效的正向影响越显著。如案例 B 黑猪健康养殖推广项目中，除了畜牧业本身的市场风险外，LW 疫控中心和 QD 企业主要进行技术培训方面的合作，用户本身接受新技术的程度也较低，掌握效果欠佳，从而推广项目的复杂性较强，合作双方需要投入更多的人财物，但实际合作过程中，合作各方组织邻近性较低，从而合作绩效更低；另外，通过案例 F 和案例 E 的对比，我们可知案例 F 的总体组织邻近性高于案例 E，项目复杂性也高于案例 E，从而合作绩效也是案例 F＞案例 E，故推广项目的复杂度越高的情况下组织邻近性对合作绩效的正向影响越显著，推广项目复杂性在其中具有正向调节作用。

本章通过对 6 个典型案例的细致分析，对合作农业推广的“组织邻近性—合作倾向性/项目复杂性—合作绩效”影响机制进行了案例验证，基本验证了组织邻近性与合作绩效的正向相关关系，合作倾向性在两者关系中起中介作用，推广项目复杂性在两者关系中起正向调节作用。

本章参考文献

[1] Eisenhardt K. M. Building theories from case study research[J]. Academy of Management Review,1989,14 (4):532-550.

[2] Yin R. Case Study research: design and methods (3rd edition)[M]. Thousand Oaks: Sage Publications,2003.

[3] Glaser B,Strauss A. The discovery of grounded theory[M]. Chicago: Aldine,1967.

[4] 原长弘,田元强,佘健华.怎样提高产学研合作案例研究的效度与信度?[J].科学学与科学技术管理,2012,33(7):29-36.

[5] Gibbert M,Ruigrok W,Wicki B. What passes as rigorous case study?[J]. Strategic Management Journal,2008,29(13):1465-1474.

第十章　基于组织邻近性的合作农业推广策略及建议

10.1　合作农业推广策略

组织邻近性有利于产生“邻近效应”，即推广组织间资源邻近、结构邻近、关系邻近、认知邻近程度越高，合作推广绩效越好。同时，重视维护组织彼此间的合作倾向性，并关注项目本身的复杂性程度，更有利于发挥邻近性作用，优化合作结构，维系合作关系，从而提高合作绩效。“邻近效应”为我国多元农业推广组织合作关系的建立、维系与管理提供了理论支持和政策参考，即对于推广组织来说，要实现共同的推广目标，就必须保持组织间的充分交流，增强彼此适应性，减少组织运作中的摩擦，通过加强彼此推广的资源条件、控制力、合作凝聚力，给予对方承诺，取得对方信任等，从而提高合作绩效。通过实证分析，组织邻近性、合作倾向性、项目复杂性与合作绩效变量之间的关系表明，虽然在合作农业推广实践中实现有效的组织聚合、提升整体的推广效率是在短期内难以解决的重要课题，但是我们可以通过一定的视角来深入挖掘合作农业推广绩效的影响机制和影响效应。前文的分析结论可以为合作农业推广的实践带来一些启示。

10.1.1 注重组织邻近性在合作推广对象选择中的作用

在选择推广合作对象时,应从属性逻辑维度和认知逻辑维度两方面出发,慎重衡量组织间资源条件、组织结构、关系、认知方面的邻近程度,将组织邻近性作为选择合作对象的重要标准,避免在组织邻近程度较低的情况下建立起合作关系。此外,若在组织邻近性的属性逻辑和认知逻辑之间进行权衡选择的话,后者更加重要。在合作推广的实践中,当推广项目复杂性程度较高时,在合作的框架下不同推广组织应更加关注提升相互间的组织邻近程度,并不断增加与合作伙伴间共同的属性逻辑和认知逻辑。这一方面需要在选择恰当合作对象的基础上进一步提升合作中的资源要素配置、组织间管理与运行的流畅性,并建立起更有效的合作治理机制,以应对推广中的外部环境的变化,从而提高合作绩效;另一方面,由于在现今的合作推广实践中组织相互间不对称依赖程度还很高,这直接导致相互间的知识技术流向大多是单向的。这就要求一些技术水平较低的推广组织应尽可能地提升自身的能力,如对推广技术的学习能力(包括知识技术的识别、吸收、整合、应用),技术创新与发展的能力等,增加相关投入,以弥补一些组织间资源条件以及认知水平方面的差距,同时在动态的提升中亦可以不断匹配更高层次的合作对象,选择更加稳固的合作方式,最终实现合作绩效的整体提升。

10.1.2　在合作农业推广中重视组织间的合作倾向性程度

前文的实证研究已经证明合作主体彼此间的合作倾向性在提升农业推广合作绩效中起到了十分重要的作用,一方面其在组织邻近性的属性逻辑维度与合作绩效间起到完全中介作用,在组织邻近性的认知逻辑维度与合作绩效间起到部分中介作用;另一方面其对合作绩效有着显著的直接影响,即不同类型农业推广组织彼此间的合作倾向性程度越高,整体的合作绩效水平就越高。因此,在合作农业推广的实践中,应将组织间的合作关系质量放在首位,不应该只注重短期的经济效益,一方面可以通过增加与合作组织间的邻近程度来提高相互间的合作倾向性与合作意愿;另一方面则应主动采取一些积极性的、有助于增强相互间信任程度的包容性、互惠性行为,以此来提升合作关系的稳定性和长久性,在提升相互间合作的倾向性同时,取得多方共赢的效果。此外,还可以基于对组织彼此间合作倾向性程度的判断,以组织邻近性为依据重新评估和选择恰当的推广合作对象。同时,不同类型组织彼此间的合作倾向性程度亦可以作为对合作推广项目实施过程监督的一个重要指标,用以判断项目运行状况。

10.1.3 认识和评估推广项目复杂性给合作绩效带来的负面影响

一般而言,在合作之初就应当综合评估推广项目中的技术复杂性、环境复杂性以及组织间交互复杂性程度,并将其作为选择合作对象的一种参考。不过,由于项目在实施中是动态变化的,因而在项目伊始对于其复杂性的评估是不全面的,因此在合作过程中,当项目复杂性程度趋高时,亦可以采取一些措施来适度降低其带来的负面影响,如可以尝试建立更为有效的合作推广渠道,加强与用户的沟通与交流,实时了解用户的需求变化趋势,并同时采取一定的配套措施(如更多地采取现场示范等方式)来提升用户对推广内容的认识和接受程度;注重合作中的信息传递渠道建设,采用多样化的沟通方式,来保证彼此间信息传递的畅通等。

10.1.4 构建和完善合作推广网络,发挥组织聚合优势

在不同的合作农业推广模式下绩效水平也存在一定差异,其绩效水平的高低更多地取决于推广项目及合作主体本身,即合作项目的投入产出机制如何,是否具有灵活、有效的推广内容和方法,不同推广组织主体间是否有平等、充分的合作流程。基于此,应鼓励各推广组织充分利用自身优势条件,选择合适的推广伙伴,建立高效的投入产出机制,推动各主体在农业创新形成与扩散的过程中形成彼此信任、长期合作、互利互动,并不断改进和优化的

合作关系网络。合作农业推广不仅需要多个主体共同参与，也需要组织间形成稳定的合作结构和关系，从而发挥组织聚合的优势，提高聚合的效率，取得“1＋1＞2”的协同效应。

10.2 深化合作农业推广工作的建议

我国近期面临着农业推广体系改革与重建的艰巨任务。基于组织邻近性、合作倾向性、项目复杂性与推广绩效之间相互关系的分析结论无疑可以为构建新型的合作农业推广体系与有关的制度安排提供有益的指导。在目前我国农业推广组织间邻近性程度较低的背景下，要建立高效运行的合作农业推广体系，关键在于通过增强不同推广组织之间的邻近性，确保农业推广组织之间的有效互动与协调，深刻认识合作农业推广的价值，从而使之具有更高的合作倾向性，形成多元化整体型的推广体系，提高推广工作的绩效。

10.2.1 适时调整与农业推广有关的机构设置与制度安排，强化农业技术创新体系的协调功能

目前，政府推广机构基本上是以专业差异进行分设的，例如农业部下设负责种植业技术推广的全国农业技术推广服务中心、负责畜牧业技术推广的全国畜牧总站、负责水产技术推广的全国水产技术推广总站、负责农业机械化技术推广的农业机械化技术开发推广总站等，各地种植业技术推广机构下面往往再设作物、土

肥、植保等分支机构。这种机构设置层次较多,各自为政,缺乏有效的沟通与合作,综合服务能力不足,不利于为现代农业经营主体提供产业发展的全程推广服务。因此,需要因地制宜地、循序渐进地将一些条件成熟的推广机构(尤其是基层推广组织)由按专业设置改为按产业设置,即根据当地主导产业发展的需要,组建能方便、灵活、高效地提供全程、全方位推广服务的组织体系。对于多数行政性的推广组织,即使近期不能改为按产业设置,也要改进横向部门结构、纵向层次结构和协调机制(即整体组织体制,包括制度规则、沟通网络与程序等),实行扁平化管理。

与行政型和企业型农业推广组织相比,我国农业科研机构和大学参与农业推广的程度不高,在合作农业推广中远远没有发挥出应有的作用。合作推广最成功的美国早在1914年就通过法律的形式确定了赠地大学农业科研、教育、推广"三位一体"的体制,而且根据国情的不断变化不失时机地改革推广机构和资助机制等,例如,美国1994年成立美国国家合作研究、教育和推广服务机构(CSREES),2008年成立国家粮食和农业管理局(NIFA),注重横向机构和纵向机构有机联系与合作,推广资助机制更多地引入竞争机制和增加竞争性项目。相比之下,我国虽然在1982年成立全国农业技术推广总站,1995年组建全国农业技术推广服务中心,然而至今没有进行过农业推广的实质性改革,更谈不上形成高效率的农业技术创新体系。

技术推广只是技术创新体系的一部分。在农业技术创新过程中,科研、推广和应用三个环节都很重要。长期以来,我国农业科研、推广和教育相互脱节，因此急需进一步完善科研、教育和推广服务相结合的机制，建立和完善现代大学制度和科研制度。例如，研究新时期大学的使命何在以及推广在实现这一使命中的角色，在大学内启动和完善对推广教育者的任命及学术头衔应用系统，建立以业绩为基础的奖励制度。通过建立新的国家农业科技创新体系，加强区域创新中心和试验站的建设，按照现代科研院所的管理要求，实行“扁平化”的分权管理，完善利益分配机制，提高科技创新机构和人员融入合作推广体系的积极性，进一步提高农业科技成果的转化程度。

要实现科技成果、信息与利益的共享，确保各方开展合作，既需要教学、科研、推广单位在人事、绩效考评、福利等方面进行制度创新，也需要地方富有成效的合作以及宏观环境的改善。与此同时，还需要建立国家级农业推广与技术创新协调机构，使多元化的推广与技术创新机构有序、公平合理地竞争，发挥各自的优势，在竞争中合作。这个机构可以是全国性的农业推广领导与协调机构，也可以是更综合的农业技术创新协调机构，可直接隶属于国务院，全面负责农业推广与技术创新的统筹协调。各地区可根据具体情况设立相应的协调机构，从而形成一个有效的调控体系。通过这个体系，把目前分散在各个子系统的农业技术推广机构有机地衔接起来，至少可以对农业推广项目和经费进行统一协调、集中使用，以提高农业推广资金的使用效率和整体项目的运行效率。

10.2.2 促进农业推广组织之间的互动与协调

组织之间的互动关系实际上是物质、能量、知识、技术、信息、人员等社会资源的交流关系，它们之间关系的协调主要就是资源分配的协调。在计划经济体制下，组织系统之间通常是在行政压力下实现强迫式互动，这样容易导致组织活力衰减并使组织之间的关系恶化，难以协调。在市场经济体制下，组织系统之间的互动则主要是共同利益驱动下的自愿式互动和共同目标下的认同式互动。从目前状况看，各类农业推广组织的互动和协调需要特别注意以下两个方面。

(1)正确认识和评价合作推广工作的公共价值，增强不同推广组织之间的邻近性与合作倾向性。应该通过更广泛的教育、评价和沟通工作，在推广系统内外部促进推广价值的认同与传播，让社会大众理解推广的使命和认可推广的公共价值。合作农业推广体系是国家农业教育、科研和推广工作的有机结合，三者紧密相连。实行研究、教育和推广一体化的科学策略，可以确保重大的研究成果能够走出实验室，融入教学和服务社会，从而提高研究、教育和推广三者分工和协作的效率。研究提供国家乃至世界所面临难题的答案，教育增强学校面向未来培养科学家、教育工作者、生产者和公民的能力，推广把通过研究和教育获得的知识带给有需求的民众，推广服务的对象远远超出农民、农业与农村的范畴，农业推广的更高目标实际上是增进国民福利。合作推广的成功不仅使合作各方增加收益、降低成本，更有助于实现推广的目标与社会价值。我国未来应当强调推广工作的教育与咨询性质，为了使推广、教学和研究工作更好地集成，推广需要获得制度支持和把握机遇，以便就各方共同关注的集成项目开展合作。

(2)正确处理政府组织和非政府组织之间的关系。现阶段，运用市场机制开展合作推广工作，更多、更成功的是企业型农业推广组织和自助型农业推广组织。未来，一方面需要继续发挥自助型农业推广组织在整个农业推广体系中的纽带作用，同时突出企业型农业推广组织在配置资源中的重要地位；另一方面需要有关政府部门转变职能，避免对各类推广组织尤其是非政府组织进行过多的行政干预，由直接指令、控制转变为协调、监督和服务，从而调动各类推广组织的积极性、主动性和创造性。各类推广服务组织应当在明确职责与分工的基础上，实现共同目标与共同利益驱动下的互动。只有这样，才能相互促进，在竞争中合作，形成“多元化整体型”的推广组织体系。现阶段，我国行政型推广组织仍占据主导地位，考虑到目前还没有国家级农业推广与技术创新协调机构，在一定意义上行政型推广组织需要充当协调沟通的角色，努力将教育型、科研型、企业型、自助型等推广组织融为一体，形成良性的互动。适当的行政干预是必要的，提供必要的资讯、建立资源共享平台、制定游戏规则、鼓励农民参与等也都是关键的内容。

10.2.3　拓宽推广服务领域，重视项目开发在合作推广中的纽带作用

拓宽推广服务领域，不断开发好的推广项目，不仅可以提升推

广的公共价值，而且也为合作推广提供了更大的舞台。推广工作的对象是人不是物，推广旨在开发人力资源。为了使人力资源开发工作以尽可能低的成本取得最佳的效果，需要明确人力资源开发工作的责任人、预期成果以及取得预期成果的途径和工具。目前我国的农业推广项目计划应更多地关注对服务对象需求的评估，同时注意创新政府支持与资助农业推广项目的内容与方式，尤其是要规范合作推广项目运行层面的各项管理制度（包括立项前审批考核、项目进行中的监测与评估、项目完成后的鉴定验收与跟踪评估等方面），以减少“伪合作”和低水平立项、低效率运行现象的存在。这需要调整推广机构的职能，拓宽服务领域，使其与用户系统及市场的需要相适应。为此，推广人员急需提高素质，用现代农技推广手段及先进设备武装自己。只有这样，推广机构及人员才能更好地为用户提供全产业链乃至生产与生活全方位的优质服务。针对我国现阶段农村劳动力流动、人口老龄化、农村工业化和城镇化的发展特点，推广服务领域可以增加家政推广、青少年教育发展、老年人群体服务、企业咨询服务等重要内容。以家政推广为例，它可以帮助家庭处理由社会变迁所产生的各种问题，从而协助农民过上健康的生活，也称为农家生活教育。农村家政推广的主要目标是从经济和社会两个方面来改善农村家庭生活，即通过家庭示范和家务咨询等帮助农民学习有关料理家务、饮食营养、服装衣着、环境美化等方面的知识，以改进农民家庭的生活条件。

10.2.4　改进推广服务方式与方法，以推广服务模式创新增强组织聚合效应

我们所处的社会正变得日益多元化，因而推广服务亦需要更为灵活多样。这就要求推广组织与人员、服务内容与方式方法的多样化和灵活性，以适应不断变化的推广服务对象和推广环境。为此，需要鼓励推广人员不断适应环境和改变自己、寻求团队工作以及与其他团体的合作。技术特别是信息技术正在改变推广实现其使命的途径，技术使得更多的推广工作集成化，因此，充分适应技术的变化，提高推广人员的技能水平尤为重要。这需要激励推广人员开发技能和集成技术，加强同信息技术和通信专家的合作，从项目一开始就吸收他们参与，听取他们的建议。技术集成的推广方式可以减轻技术复杂性的程度，因而更有利于技术的推广应用。

最近10多年来，我国各地创新农业推广服务方式与方法，涌现出了“农业科技110”“农村科技特派员”“农业科技专家大院”“教授工作站”“农村科技服务超市”等多种新型服务模式，积累了一些成功的经验，在促进多元化推广服务组织沟通与互动方面探索了一系列新的机制。为进一步构建和完善合作农业推广体系，需要在总结和分析各种服务模式的基础上，出台相应的制度与政策，加强农业科技、教育、推广、财政等政府部门之间以及它们和非政府组织之间的协作，打造信息、人才、设备等资源的公共服务平台，促进各项资源在不同地区、不同部门、不同行业和不同单位之间的流动与共享，增强组织聚合效应。

参考文献

[1] (美)斯蒂芬·P·罗宾斯.组织行为学[M].10版.孙健敏,李原译.北京:中国人民大学出版社,2005.

[2] Ambrose M,Hess R. L,Ganesan S. The relationship between justice and attitudes:an examination of justice effects on event and System-related attitudes[J]. Organizational Behavior and Human Decision Processes,2007,103(1):21-26.

[3] Anderson E. Two firms,one frontier:on assessing joint venture performance[J]. Sloan Management Review,1990,31(2):19.

[4] Anderson J. C,and Narus J. A. A model of distributor firm and manufacturer firm working partnerships[J]. The Journal of Marketing,1990,54(1):42-58.

[5] Audretsch D. B,Feldman M. P. R&D spillovers and the geography of innovation and production[J]. The American Economic review,1996,86(3):630-640.

[6] Baccarini D. The concept of project complexity——a review [J]. International Journal of Project Management,1996,14(4):201-204.

[7] Balland P. A. Proximity and the evolution of collaboration

networks: evidence from research and development projects within the Global Navigation Satellite System(GNSS) industry[J]. Regional Studies, 2012, 46(6): 741-756.

[8] Baron R. M, Kenny D. The moderator-mediator variable distinction in social psychological research: conceptual strategic and statistical considerations[J]. Journal of Personality and Social Psychology, 1986, 51(6): 1173-1182.

[9] Beaver D. Reflections on scientific collaboration (and its study): past, present and future[J]. Scientometrics, 2001, 52(3): 365-377.

[10] Ben D. Global sourcing and innovation: the consequences of losing both organizational and geographical proximity[J]. European Planning Studies, 2007, 15(2): 271-288.

[11] Bentz R. P. Acquiring and managing financial resources[C]. Improving agricultural extension: a reference manual. Rome: FAO, 1997.

[12] Birnholtz J. P. When do researchers collaborate? Toward a model of collaboration propensity in science and engineering research[D]. Ann Arbor: University of Michigan, 2005.

[13] Blau P. M. Exchange and power in social life[M]. New York: John Wiley & Sons, Inc, 1964.

[14] Boardman P. G, Ponomariov B. L. University researchers working with private companies[J]. Technovation, 2009, 29

(29):142-153.

[15] Boschma R. A. Proximity and innovation: a critical assessment[J]. Regional Studies,2005,39(1):61-74.

[16] Bosch-Rekveldt M,Jongkind Y,Mooi H,et al. Grasping project complexity in large engineering projects: the TOE (Technical,Organizational and Environmental) framework[J]. International Journal of Project Management,2011,29(6): 728-739.

[17] Broekel T,Boschma R. Aviation,space or aerospace? Exploring the knowledge networks of two industries in the Netherlands[J]. European Planning Studies,2011,19(7):1205-1227.

[18] Cantner U,Meder A. Technological proximity and the choice of cooperation partner[J]. Journal of Economic Interaution and Coordination,2007,2(1):45-65.

[19] Carrincazeaux C,Lung Y,Vicente J. The scientific trajectory of the French School of proximity: Interaction- and Institution-based approaches to regional innovation systems[J]. European Planning Studies,2008,16(5):617-828.

[20] Carrincazeaux C,Lung Y,Rallet A. Proximity and localization of corporate R&D activities[J]. Research Policy,2001, 30(5): 777-789.

[21] Cunningham S. W,Werker C. Proximity and collaboration in

European nanotechnology[J]. Papers in Regional Science, 2012,91(4):723-742.

[22] Daghfous A. An empirical investigation of the roles of prior knowledge and learning activities in technology transfer[J]. Technovation,2004,24(12):939-953.

[23] Dyer J. H. Effective inter-firm collaboration:how firms minimize transaction costs and maximize transaction value[J]. Strategic Management Journal,1997,18(7):535-556.

[24] Dyer J. H. Specialized supplier networks as a source of competitive advantage: evidence from the auto industry[J]. Strategic Management Journal,1996,17(4): 271-291.

[25] Dyer J. H, Nobeoka K. Creating and managing a high-performance knowledge-sharing network: the Toyota case[J]. Strategic Management Journal,2000,21(3):345-367.

[26] Edmonds B. Syntactic measures of complexity[D]. Manchester: University of Manchester for the degree of doctor of philosophy,1999.

[27] Eisenhardt K. M. Building theories from case study research[J]. Academy of Management Review,1989,14 (4):532-550.

[28] Franco C, Marzucchi A, Montresor S. Absorptive capacity, proximity in cooperation and integration mechanisms:empirical evidence from CIS data[J]. Industry and Innovation, 2014,21(4):332-357.

[29] Gao Q. J, Zhang C. H. Agricultural technology extension system in China: current situation and reform direction [J]. Management Science and Engineering, 2008, 2(4): 47-58.

[30] Geldes C, Felzensztein C, Turkina E, et al. How does proximity affect interfirm marketing cooperation? A study of an agribusiness cluster[J]. Journal of Business Research, 2015, 68(2): 263-272.

[31] Geringer J. M, Herbert L. Measuring performance of international joint ventures[J]. Journal of International Business Studies, 1991, 22(2): 249.

[32] Gibbert M, Ruigrok W, Wicki B. What passes as rigorous case study? [J]. Strategic Management Journal, 2008, 29(13): 1465-1474.

[33] Giuliania E, Morrison A, Pietrobelli C, et al. Who are the researchers that are collaborating with industry? An analysis of the wine sectors in Chile, South Africa and Italy[J]. Research Policy, 2010, 39(6): 748-761.

[34] Glaser B, Strauss A. The discovery of grounded theory[M]. Chicago: Aldine, 1967.

[35] Gong Z. G. Proximity and innovation collaboration[C]. In: Zhang S, Zhang H. Advances in Management of Technology, PT1. MARRICKVILLE: AUSSINO ACAD PUBL HOUSE, 2008: 30-36.

[36] Goodman L. E, Dion P. A. The determinants of commitment in the Distributor-Manufacturer relationship[J]. Industrial Marketing Management, 2001, 30(3): 287-300.

[37] Gulati R, Gargiulo M. Where do inter-organizational networks come from? [J] American Journal of Sociology, 1999, 104 (5): 1439-1493.

[38] Hautala J. Cognitive proximity in international research groups[J]. Journal of Knowledge Management, 2011, 15 (4): 601-624.

[39] Hennart J. F. A transaction costs theory of equity joint ventures[J]. Strategic Management Journal, 1998, 9(4): 361-374.

[40] Hewitt-Dundas N. The role of proximity in university-business cooperation for innovation[J]. Journal of Technology Transfer, 2013, 38(2): 1-23.

[41] Hong W, Su Y. S. The effect of institutional proximity in non-local university-industry collaborations: an analysis based on Chinese patent data[J]. Research Policy, 2013, 42 (2): 454-464.

[42] Jonsson O. Innovation processes and proximity: the case of IDEON firms in Lund, Sweden[J]. European Planning Studies, 2002, 10(6): 705-722.

[43] Kaiser H. F, Rice J. Little Jiffy, Mark IV[J]. Journal of Edu-

cational and Psychological Measurement, 1974, 34(1): 111-117.

[44] Kardes I, Ozturk A, Cavusgil S. T, et al. Managing global megaprojects: complexity and risk management[J]. International Business Review, 2013, 22(6): 905-917.

[45] Kim J, Wilemon D. Sources and assessment of complexity in NPD projects[J]. R&D Management, 2003, 33(1): 15-30.

[46] Kirat T, Lung Y. Innovation and proximity: territories as loci of collective learning processes[J]. European Urban & Regional Studies, 1999, 6(1): 27-38.

[47] Knoben J, Oerlemans L. A. G. Proximity and inter-organizational collaboration: a literature review[J]. International Journal of Management Reviews, 2006, 6(2): 71-89.

[48] Kogut B. Joint Venture: Theoretical and empirical perspectives[J]. Strategic Management Journal, 1988(9): 319-332.

[49] Liu T. L, Shou I. Enhancement of customer network relationship via governance mechanism of inter-organizational core resource and core knowledge strategic alliance[J]. The Journal of American Academy of Business. Cambridge, 2004, 5(1/2): 220-229.

[50] Lyles M. A, Baird I. S. Performance of international joint ventures in two eastern European countries: the case of Hungary and Poland[J]. Management International Review,

1994,34(4):313-329.

[51] March J. G. Exploration and exploitation in organizational learning[J]. Organization Science,1991,2(1):71-87.

[52] Marxt C,Link P. Success factors for cooperative ventures in innovation and production systems[J]. International Journal of production Economics,2002,77(3):219-229.

[53] Maylor H, Vidgen R, Carver S. Managerial complexity in project-based operations: a grounded model and its implications for Practice[J]. Project Management Journal,2008,39(S1):15-26.

[54] McAllister D. Affect and cognition-based trust as foundations for interpersonal cooperation in organizations[J]. Academy of Management Journal,1995,38(1):24-59.

[55] Mcgee J. E, Dowling M. J, Megginson W. L. Cooperative strategy and 77 new venture performance: the role of business strategy and management experience[J]. Strategy Management Journal,1995,16(7):565-580.

[56] Moodysson J,Jonsson O. Knowledge collaboration and proximity: the spatial organization of biotech innovation projects[J]. European Urban and Regional Studies, 2007, 14(2): 115-131.

[57] Nesta L,Saviotti P. P. Coherence of the knowledge base and the firm's innovative performance: evidence from the U. S

Pharmaceutical industry[J]. Journal of Industrial Economics,2005,53(1):123-142.

[58] Nohria N,Garcia-Pont C. Global strategic linkages and industry structure[J]. Strategic Management Journal,1991,12(4):105.

[59] Nooteboom B. Innovation and inter-firm linkages: new implications for policy[J]. Research Policy,1999,28(99):793-805.

[60] Oerlemans L,Meeus M. Do organizational and spatial proximity impact on firm performance? [J]. Regional Studies, 2005,39(1):89-104.

[61] Oliver C. Determinants of inter-organizational relationships: integration and future directions [J]. Academy of Management Review,1990,15(2): 241-265.

[62] Osborn R. N,Hagedoorn J. The institutionalization and evolutionary dynamics of international alliances and networks[J]. Academy of Management Journal,1997,40(2): 261-278.

[63] Peng D. X,Heim G. R,Mallick D. N. Collaborative product development:the effect of project complexity on the use of information technology tools and new product development practices[J]. Production and Operations Management,2014, 23(8): 1421- 1438.

[64] Ponds R,Oort F. V,Frenken K. The geographical and insti-

tutional proximity of research collaboration[J]. Papers in Regional Science,2007,86(3):423-443.

[65] Rallet A,Torre A. Is geographical proximity necessary in the innovation networks in the era of global economy? [J] Geography Journal,1999,49(4):373-380.

[66] Ring P. S,Van de ven A. H. Structuring cooperative relationship between organizations[J]. Strategic Management Journal,1992,13(7):483-498.

[67] Rothaermel F,Deeds D. L. Exploration and exploitation alliances in biotechnology: a system of new product development[J]. Strategic Management Journal,2004,25(3):201-221.

[68] Rothwell R. Successful industrial innovation:critical factors of the1990s[J]. R & D Management,1992,22(3): 221-239.

[69] Rycroft R. W,Kash D. E. The complexity challenge:technological innovation for the 21st century[M]. New York: Cassell,1999.

[70] Sampson R. C. Organizational choice in R & D alliances: Knowledge-based and transaction cost perspectives [J]. Managerial and Decision Economics,2004,25(25):421-436.

[71] Schlindwein S,Ison R. Human knowing and perceived complexity: implications for systems practice[J]. Emergence: complexity & organization,2005,6(3):19-24.

[72] Senescu R,Aranda-Mena G,Haymaker J. Relationships be-

tween project complexity and communication[J]. Journal of Management in engineering,2013,29(2):183-197.

[73] Sugandhavanija P,Sukchai S,Ketjoy N,et al. Determination of effective university industry joint research for Photovoltaic technology transfer (UIJRPTT) in Thailand [J]. Renewable Energy,2011,36(2):600-607.

[74] Szulanski G. Exploring internal stickiness:impediments to the transfer of best practice within the firm[J]. Strategic Management Journal,1996,17(1):27-44.

[75] Tatikonda M. V,Rosenthal S. R. Technology novelty,project complexity,and product development project execution success:a deeper look at task uncertainty in product innovation[J]. IEEE Transactions on Engineering Management,2000,47(1):74-87.

[76] Teixeira A. A. C,Santos P,Brochado A. O. International R & D cooperation between low-tech SMEs:the role of cultural and geographical proximity[J]. European Planning Studies,2008,16(6):785-810.

[77] Torre A,Gilly J. P. On the analytical dimension of proximity dynamics[J]. Regional Studies,2000,34(2): 169-180.

[78] Van den Ban A. W. Different ways of financing agricultural extension[J]. Agricultural Research & Extension Network,2000(7):8-19.

[79] Vidal L. A, Marle F. Understanding project complexity: implications on project management [J]. Kybernetes, 2008, 37 (8): 1094-1110.

[80] Wernerfelt B. A resource-based view of the firm[J]. Strategic Management Journal, 1984, 5(5): 171-180.

[81] Williams T. M. The need for new paradigms for complex projects[J]. International Journal of Project Management, 1999, 17(5): 269-273.

[82] Williamson O. E. Comparative economic organization: the analysis of discrete structural alternatives[J]. Administrative Science Quarterly, 1991, 36(2): 269-296.

[83] Williamson O. E. Markets and hierarchies: analysis and antitrust implications[M]. New York: Free Press, 1975.

[84] Williamson O. E. The economic institutions of capitalism [M]. New York: Free Press, 1985.

[85] Xia D, Lee G. Grasping the complexity of information systems development projects: a taxonomy and assessment[J]. Communications of the ACM, 2004, 47(5): 69-74.

[86] Yin R. Case study research: design and methods (3rd edition)[M]. Thousand Oaks: Sage Publications, 2003.

[87] Zeller C. North Atlantic Innovative relations of Swiss pharmaceuticals and the proximities with regional biotech arenas[J]. Economic Geography, 2004, 80(1): 83-111.

[88] Zollo M, Reuer J. J, Singh H. Intergenerational routines and performance in strategic alliances[J]. Organization Science, 2002, 13(6):701-713.

[89] 曹静，范德成，唐小旭. 产学研结合技术创新绩效评价研究[J]. 科技进步与对策，2010，27(7)：114-118.

[90] 陈建勋，凌媛媛，王涛. 组织结构对技术创新影响作用的实证研究[J]. 管理评论，2011，23(7)：62-71.

[91] 陈顺宇. 多变量分析[M]. 台北：华泰书局，2004.

[92] 陈伟，张旭梅. 供应链中企业组织学习能力对合作绩效的影响——以知识获取为中介变量的实证研究[J]. 商业经济与管理，2009，214(8)：36-42.

[93] 高启杰，等. 农业推广组织创新研究[M]. 北京：社会科学文献出版社，2009.

[94] 高启杰，董杲. 合作农业推广中组织邻近性对合作绩效的影响[J]. 华南农业大学学报：社会科学版，2016，15(1)：10-19.

[95] 高启杰，姚云浩，董杲. 合作农业推广模式选择的影响因素分析——基于组织邻近性的视角[J]. 农业经济问题，2015(3)：47-53.

[96] 高启杰，姚云浩，马力. 多元农业技术推广组织合作的动力机制[J]. 华南农业大学学报：社会科学版，2015，14(1)：1-7.

[97] 高启杰，姚云浩. 合作农业推广绩效评价指标体系设计及应用研究[J]. 中国农业大学学报，2015，20(4)：231-238.

[98] 高启杰，姚云浩. 农业科技产学合作绩效评价研究[J]. 广东农

业科学,2013,40(25):76-81.

[99] 高启杰.美国合作推广服务改革的动向、原因与启示[J].中国农村经济,2013(3):80-88.

[100] 高启杰.美国特色的合作推广服务探析[J]. 古今农业,2013(4):51-60.

[101] 高启杰. 农业技术创新:理论、模式与制度[J]. 贵阳:贵州科技出版社,2004.

[102] 高启杰. 农业推广学[M].2版. 北京:中国农业大学出版社,2008.

[103] 高启杰. 农业推广学[M].3版. 北京:中国农业大学出版社,2013.

[104] 高启杰. 现代农业推广学[M]. 北京:中国科学技术出版社,1997.

[105] 高启杰.农业推广理论与实践[M]. 北京:中国农业大学出版社,2008.

[106] 高启杰.中国农业推广组织体系建设研究[J].科学管理研究,2010,28(1):107-111.

[107] 何清华,罗岚,陆云波,等. 项目复杂性内涵框架研究述评[J].科技进步与对策,2013,30(23):156-160.

[108] 何旭. 企业主导型农业推广模式研究[D].长沙:湖南农业大学,2009.

[109] 侯杰泰,温忠麟,成子娟,等. 结构方程模型及其应用[M].北京:教育科学出版社,2004.

[110] 侯琳,周青,毛崇峰. 制度邻近性对技术标准合作绩效的影响研究——基于闪联案例的分析[J]. 科学与管理,2012(2):35-39.

[111] 黄劲松,刘勇. 中国高校研究者的产学研合作倾向研究[J]. 科学学研究,2013,31(11):1649-1655.

[112] 黄秀娟,王文烂. 农业技术推广及其绩效评价研究述评[J]. 台湾农业探索,2011(5):36-41.

[113] 黎振强,王英. 地理邻近性与认知邻近性对创新绩效的影响分析——基于知识获取的中小高新技术企业的实证研究[J]. 求是学刊,2015,42(6):39-46.

[114] 黎振强. 多维邻近性对创新绩效的影响效应分析[J]. 内蒙古社会科学:汉文版,2014,35(4):104-108.

[115] 李华. 探索以大学为依托的现代农业科技推广新模式[J]. 中国高等教育,2006(7):32-34.

[116] 李琳,韩宝龙. 组织合作中的多维邻近性:西方文献评述与思考[J]. 社会科学家,2009(7):108-112.

[117] 李琳,雒道政. 多维邻近性与创新:西方研究回顾与展望[J]. 经济地理,2013,33(6):1-7.

[118] 李琳. 多维邻近性与产业集群创新[M]. 北京:北京大学出版社,2014.

[119] 李玲. 技术创新网络中企业间依赖、企业开放度对合作绩效的影响[J]. 南开管理评论,2011,14(4):16-24.

[120] 李随成,杨婷. 研发合作企业间知识共享与合作绩效的关

系[J]. 科技进步与对策,2007,24(10):180-184.

[121] 李随成,杨婷. 知识共享与组织学习对供应链企业间研发合作绩效的影响研究[J]. 科技进步与对策,2009,26(10):97-103.

[122] 李宪松,王俊芹.基层农业技术推广行为综合评价指标体系研究[J].安徽农业科学,2011 (3): 1834-1835.

[123] 李晓春.农业技术推广效果评价研究[D].西安:西北农林科技大学,2007.

[124] 李新荣. 基于集对分析的高校产学研合作项目绩效评价方法与模型研究[J]. 科技管理研究,2013,33(2):85-88.

[125] 李争鸣.农业大学农业推广组织模式创新研究——基于中国农业大学曲周农业推广的实践[D].北京:中国农业大学,2012.

[126] 廖西元,申红芳,朱述斌,等.中国农业技术推广管理体制与运行机制对推广行为和绩效影响的实证——基于中国 14 省 42 县的数据[J].中国科技论坛,2012(8):131-138.

[127] 林庆藩,余建辉.农业企业特征对校企技术合作绩效的影响研究[J]. 福建农林大学学报:哲学社会科学版,2012,15(6):45-49.

[128] 林盛杰,张家皋. 谈“产学研合作”质量评估体系的建立[J]. 宁波大学学报:教育科学版,2000,22(5):28-31.

[129] 刘衡.合作双元性与组织间合作绩效的关系研究:以公平感知为调节变量[D].西安:西安交通大学,2011.

[130] 娄迎春,李琦.基于平衡计分卡的基层农技推广机构绩效评价体系设计[J].中国农技推广,2009 (12):8-11.

[131] 卢谢峰,韩立敏.中介变量、调节变量与协变量——概念、统计检验及其比较[J].心理科学,2007,30(4):934-936.

[132] 罗必良.经济组织的制度逻辑[M].太原:山西经济出版社,2000.

[133] 罗定提.企业间合作关系理论研究现状[J].株洲工学院学报,2005,19(1):1-7.

[134] 罗珉,王雎.组织间关系的拓展与演进:基于组织间知识互动的研究[J].中国工业经济,2008(1):40-49.

[135] 毛崇峰,龚艳萍,周青.组织间邻近性对技术标准合作绩效的影响研究——基于闪联的案例分析[J].科学管理研究,2012,30(2):104-108.

[136] 毛崇峰,龚艳萍,周青.认知邻近性对横向技术标准合作的影响研究[J].自然辩证法研究,2012,28(9):45-49.

[137] 毛崇峰,龚艳萍,周青.认知邻近性对纵向技术标准合作的作用分析[J].科技与管理,2012,14(5):35-38.

[138] 潘文安,张红.供应链伙伴间的信任、承诺对合作绩效的影响[J].心理科学,2006,29(6):1502-1506.

[139] 齐晓辉,李强.我国可持续农业技术创新动力机制问题研究——以新疆生产建设兵团为例[J].科技进步与对策,2011,28(10):57-61.

[140] 秦黎.组织关系视角下的跨组织信息系统理论探索[J].商场

现代化,2006(1):30-32.

[141] 曲刚,李伯森. 软件外包项目复杂性下的交互记忆系统与知识转移[J]. 管理科学,2011,24(3):65-74.

[142] 任强. 企业跨组织合作互动与合作创新绩效的关系研究[J]. 湖北文理学院学报,2012,33(8):69-72.

[143] 荣泰生. AMOS与研究方法[M]. 重庆:重庆大学出版社,2009.

[144] 邵法焕. 我国农业技术推广绩效评价若干问题初探[J]. 科学管理研究,2005,23(3):80-82,120.

[145] 申红芳,王志刚,王磊. 基层农业技术推广人员的考核激励机制与其推广行为和推广绩效——基于全国14个省42个县的数据[J]. 中国农村观察,2012(1):65-79.

[146] 石凯. 浅谈农业科技成果的合作推广[J]. 四川农业科技,2002(11):8-9.

[147] 石书玲. 当代企业组织结构变革的基本趋势[J]. 天津商学院学报,2002,22(2):20-23.

[148] 苏时鹏,郑逸芳,黄森慰. 基于DEA-Tobit模型的农业科技推广服务效率研究——对福建省306个农业科技推广项目的实证分析[J]. 技术经济,2011,30(9):90-95.

[149] 王承哲. 企业间合作绩效影响因素实证研究[D]. 杭州:浙江大学,2006.

[150] 王浩,梁耀明. 产学研合作绩效评价研究综述[J]. 科技管理研究,2011,31(11):55-61.

[151] 王磊.大学生合作倾向性培养的实证研究[J].高等教育研究,2011(12):93-96.

[152] 王兴平,冯淼,顾惠. 城际创新联系的尺度差异特征分析:以长三角核心区为例[J]. 东南大学学报:哲学社会科学版,2015,17(6):108-116.

[153] 温忠麟,侯杰泰,张雷.调节效应与中介效应的比较和应用[J].心理学报,2005,37(2):268-274.

[154] 吴明隆.问卷统计分析实务——SPSS 操作与应用[M].重庆:重庆大学出版社,2010.

[155] 吴绍艳. 工程项目的复杂性探讨[J]. 建筑经济,2009(6):22-25.

[156] 谢志宇. 产学合作绩效影响因素研究[D]. 杭州:浙江大学,2004.

[157] 徐彬,段晓明.农业科技成果推广绩效实证研究[J].西南农业学报,2011,24(3):1188-1190.

[158] 徐彬,里昕,揭筱纹.农业科技成果推广多链联动新模式探讨[J].甘肃农业,2008(9):41-43.

[159] 薛卫,易难,曹建国,等. 产学合作中组织学习中介效应的实证研究[J]. 科学学与科学技术管理,2010,31(4):28-35.

[160] 杨雷.跨组织合作中知识流的速率与合作绩效研究[D].成都:西南财经大学,2011.

[161] 叶选挺,刘云,王文平.基于知识生产函数的国际科技合作计划项目绩效评价研究[J].兵工学报,2009,30(S1):51-55.

[162] 于明政.地方科技计划项目绩效评估指标体系研究与应用[D].重庆:重庆大学,2007.

[163] 原长弘,田元强,佘健华.怎样提高产学研合作案例研究的效度与信度?[J].科学学与科学技术管理,2012,33(7):29-36.

[164] 曾德明,任浩,戴海闻,等.组织邻近和组织背景对组织合作创新地理距离的影响[J].管理科学,2014,27(4):12-22.

[165] 曾萍,李熙.企业产学研合作倾向与效率:回顾与展望[J].石家庄学院学报,2014,16(5):59-64.

[166] 张昌松,鲁若愚,阎虹,等.大学——企业合作创新选择因素分析[J].软科学,2002,16(1):85-88.

[167] 张光磊,刘善仕,申红艳.组织结构、知识转移渠道与研发团队创新绩效——基于高新技术企业的实证研究[J].科学学研究,2011(8):1198-1206.

[168] 张蕾,陈超,朱建军.基层农技员推广行为与推广绩效的实证研究——基于农户视角的调查[J].南京农业大学学报:社会科学版,2010,10(1):14-20.

[169] 张淑云.多元化农业推广组织协同运行机制研究[D].保定:河北农业大学,2011.

[170] 张文明,钟平英,刘飞翔.基于农户视角的农业科技推广绩效评价体系设计——以武平县17个乡镇农技机构为例[J].云南农业大学学报:社会科学版,2014,8(2):14-20,31.

[171] 周青,侯琳,毛崇峰.制度邻近性对高新技术企业合作创新

的作用路径研究[J]. 科技进步与对策，2013，30(10)：1-4.

[172] 周腰华，姚园媛.我国农业技术推广创新体系建设研究探讨[J]. 农业经济，2008(1)：91-92.

[173] 朱铭.基于相对闲置资源的企业合作创新项目绩效影响因素分析[D].杭州：浙江大学，2006.

附录　合作农业推广调查问卷

调研时间：________ 年________月________日

尊敬的女士/先生：

您好！这是一份课题研究问卷，目的在于研究多元农业推广组织合作问题。我们保证对您的回答完全保密并只用于学术研究，以后的分析中不会提及您和您所在单位的真实名称，请您在百忙之中抽出一些时间，认真填写此问卷。对您的支持与配合致以诚挚的谢意！

填写说明：每题只选一个答案，在选定的答案上画“√”。

第一部分　组织与合作项目背景资料

Q1. 贵单位名称：____________________________；成立时间：______ 年

若是企业： 性质为：□国有企业；□集体所有；□股份制企业；□私营企业；□其他________ 上一年销售收入______万元；研发经费：______万元；推广服务经费：______万元 若是合作社或协会： 主营业务：________；服务对象数量：______户；注册资金：______ 万元

Q2. 贵单位员工总人数为______ 人;农技推广人员数量为 ______人,其中拥有中高级职称的推广人员数为:______ 人

Q3. 贵单位近期(三年内)完成的合作推广项目名称为:________________________

(以下题目均针对该合作项目!)

Q4. 合作对象为:__________________(□同市;□同省不同市;□不同省);
__________________(□同市;□同省不同市;□不同省);
__________________(□同市;□同省不同市;□不同省)

Q5. 合作推广项目期为:______ 年______月至______年______月

Q6. 合作推广总费用:______万元;合作人员总数:______ 人

Q7. 年平均合作培训总人次:____人次;推广活动覆盖到的实际用户(如农民)总数:____人

Q8. 年平均合作推广规模:____亩/只/株数/件;年平均应合作推广规模:____亩/只/株数/件

Q9. 合作推广新增总产值(=新增总产量×农产品单价):______ 万元;
合作推广新增净收益(=新增总产值—新增生产费用—推广费用):______ 万元

Q10. 合作具体方式(可多选):□技术转让 □技术入股 □技术咨询 □技术承包 □委托销售 □人才培养与交流 □联合攻关/推广(项目推广) □共建基地 □共建实体 □内部一体化(如自建企业/研发中心、组织间合并等) □其他______

Q11. 合作契约形式:□市场交易型(短期合同) □合作联盟型(长久协定) □内部一体化

Q12. 合作技术属性:□公共技术推广(用户不交钱) □准公共技术推广 □私人技术推广

第二部分　主观测量表

Q13. 在合作推广项目中选择一个合作伙伴作为以下题目的评价对象：______

Q14. 贵单位与该对象建立合作关系的时间为______年

注：分值1～5表示：您认为题项中描述的内容与贵单位合作项目实际情况的符合程度

1＝完全不符合　2＝不太符合　3＝一般　4＝较符合　5＝完全符合

1. 组织资源邻近					
ZY1：贵单位拥有充足的金融资源	1	2	3	4	5
合作单位拥有充足的金融资源	1	2	3	4	5
双方金融资源拥有量相近	1	2	3	4	5
ZY2：贵单位拥有充足的物质资源	1	2	3	4	5
合作单位拥有充足的物质资源	1	2	3	4	5
双方物质资源拥有量相近	1	2	3	4	5
ZY3：贵单位拥有充足的人力资源（数量、质量、带头人）	1	2	3	4	5
合作单位拥有充足的人力资源（数量、质量、带头人）	1	2	3	4	5
双方人力资源（数量、质量、带头人）拥有量相近	1	2	3	4	5
ZY4：贵单位在业内有着丰富的推广手段和关系网络资源	1	2	3	4	5
合作单位在业内有着丰富的推广手段和关系网络资源	1	2	3	4	5
双方推广的渠道资源拥有量相近	1	2	3	4	5
2. 组织结构邻近					
JG1：贵单位具有较大的管理幅度（一个主管有效指导下属的数量）	1	2	3	4	5
合作单位具有较大的管理幅度	1	2	3	4	5
双方组织的管理幅度较为相近	1	2	3	4	5

3.组织关系邻近					
GX1:合作双方存在着特殊的关系历史(如一方从另一方中改制而来)或者曾经保持了较为长久的合作关系	1	2	3	4	5
GX2:组织内的个体成员(特别是中高层管理者)与合作方有较为紧密的联系	1	2	3	4	5
4.组织认知邻近					
RZ1:双方在合作目标、前景上总保持一致	1	2	3	4	5
RZ2:双方可以较好地理解对方的各种行为,接受对方的处事方式	1	2	3	4	5
RZ3:双方有着较为相似的价值观念和利益取向	1	2	3	4	5
5.合作倾向性					
QXX1:双方均认可对方在其领域内的综合实力	1	2	3	4	5
QXX2:双方均相信对方可以公正地处理各种合作事宜(即认可彼此声誉)	1	2	3	4	5
QXX3:双方在合作中可以主动履行自身的责任,并帮助对方解决问题	1	2	3	4	5
QXX4:双方采用积极的态度和方式来解决相互间的冲突	1	2	3	4	5
6.项目复杂性					
JS1:合作推广所需的配套设备、工具等资源很多	1	2	3	4	5
JS2:合作推广中的技术流程与标准非常复杂和精细	1	2	3	4	5
JS3:合作推广中涉及很多不同技术领域的组织	1	2	3	4	5
JS4:合作推广的技术内容更新换代的速度很快	1	2	3	4	5
HJ1:地方有关农业推广的政策法规不利于合作农业推广项目的开展	1	2	3	4	5
HJ2:在合作推广项目实施中,地方相关的政策法规出现了很大程度的变化	1	2	3	4	5
HJ3:推广服务对象对合作推广项目并不支持	1	2	3	4	5
HJ4:推广的竞争对手对于合作推广项目有很大影响	1	2	3	4	5
HJ5:用户相关的技术需求难以预测	1	2	3	4	5

JH1:各方推广合作经验较少	1	2	3	4	5
JH2:合作各方彼此间信息传递不畅	1	2	3	4	5
JH3:合作推广要求各方必须保持实时的沟通与交流	1	2	3	4	5
7.主观合作绩效测量					
JX1:合作的预期目标基本实现	1	2	3	4	5
JX2:双方愿意继续长期合作下去	1	2	3	4	5
JX3:合作提升了双方的推广效率,节约了相关的成本费用	1	2	3	4	5
JX4:合作使双方的学习能力(包括知识技术的识别、吸收、整合、应用)和创新能力有了较好的提升	1	2	3	4	5

填表人姓名:______;职务:__________________________;联系方式:__________

请仔细核对问卷题项,切勿漏题!

再次感谢您对我们的支持!祝您开心愉快!